Estamos muy orgullosos
por elegir este libro

Volumen #1
Niños de 3 – 6 años

Juntos, descubriremos las maravillas de las vocales y el abecedario, y construiremos un sólido cimiento para el aprendizaje de la lectura.

Exploraremos cada una de las letras mediante variados ejercicios, dibujos, prácticas de trazos y la creación de palabras o frases simples.

Prestaremos especial atención a las letras L, M, P, S y T, ya que son muy importantes para el aprendizaje del vocabulario de forma natural, recordemos que nuestras primeras palabras generalmente son "mamá" o "papá".

Estamos aquí para apoyarlos en cada paso del camino y hacer que este proceso sea divertido y enriquecedor.

Amamos mucho a nuestros clientes, y escuchar sus comentarios es muy útil para nosotros. Si tiene unos minutos para escribir una reseña, le estaríamos muy agradecidos.

Su compra acaba de ayudar a una pequeña empresa.
Gracias por tu apoyo.

Olga Ochoa

Forma parte de la comunidad
Aprendiendo a leer

 Descarga gratuita de material exclusivo

 Encuentra consejos y recomendaciones

 Conecta y ayuda a otros padres o tutores

y más!

ESCANEA EL CÓDIGO QR
PARA INGRESAR

TODO SOBRE MÍ

Mi nombre _____

Mi comida favorita

Cuando crezca quiero ser...

Mis pasatiempos son...

Mi foto (Mi dibujo)

Aprendo las vocales

aeiou

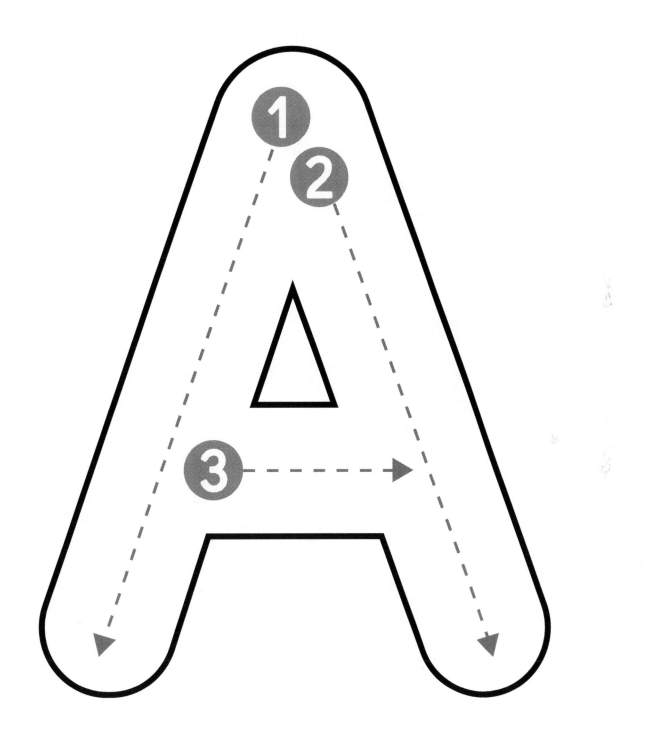

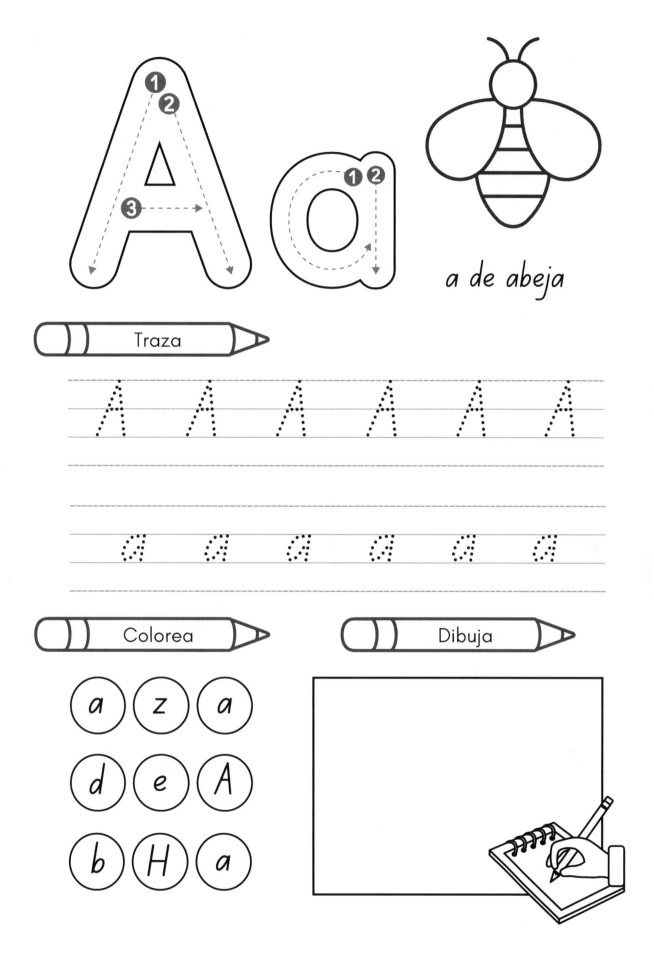

A a

a de abeja

Traza

A A A A A A

a a a a a a

Colorea

a z a
d e A
b H a

Dibuja

Encuentra y colorea la letra

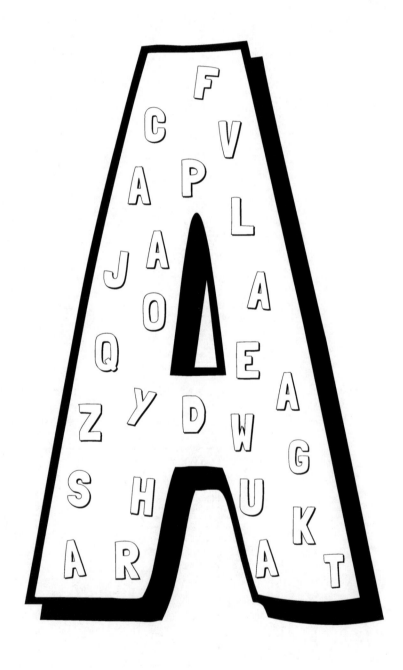

Colorea las imágenes que empiecen por la letra A

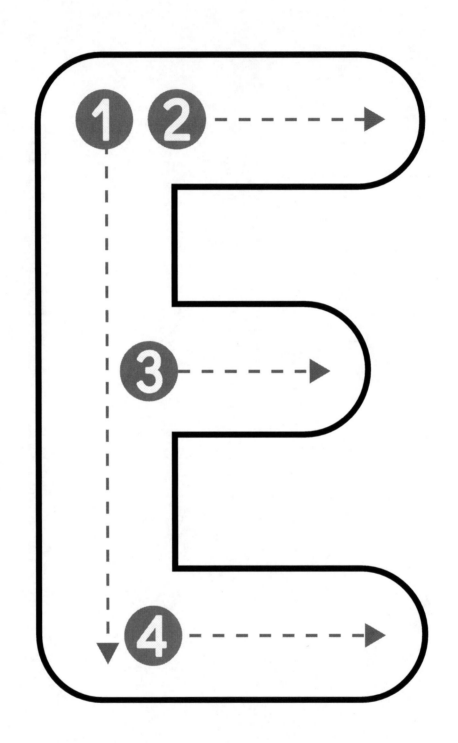

Elefante

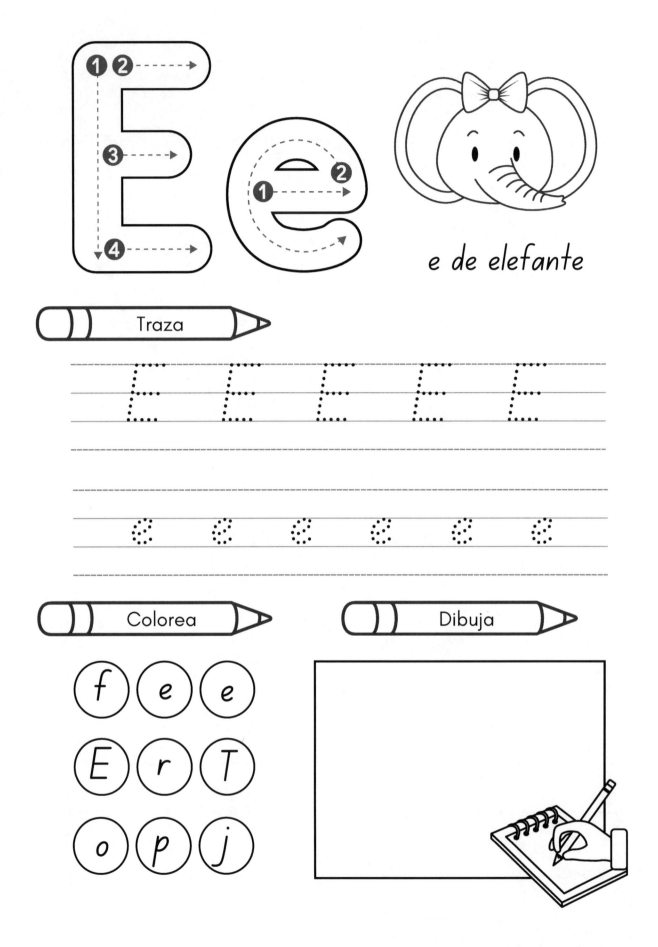

e de elefante

Traza

Colorea

Dibuja

Encuentra y colorea la letra

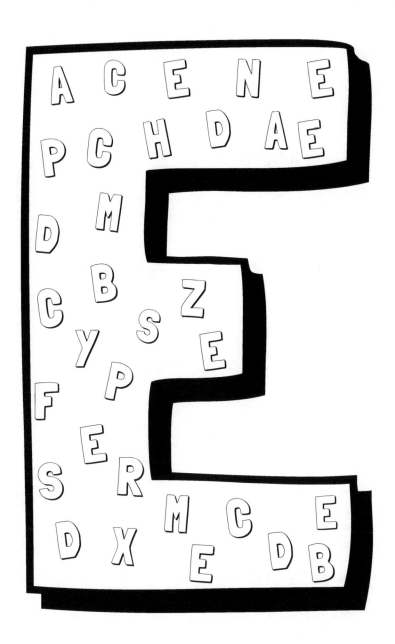

Colorea las imágenes que empiecen por la letra E

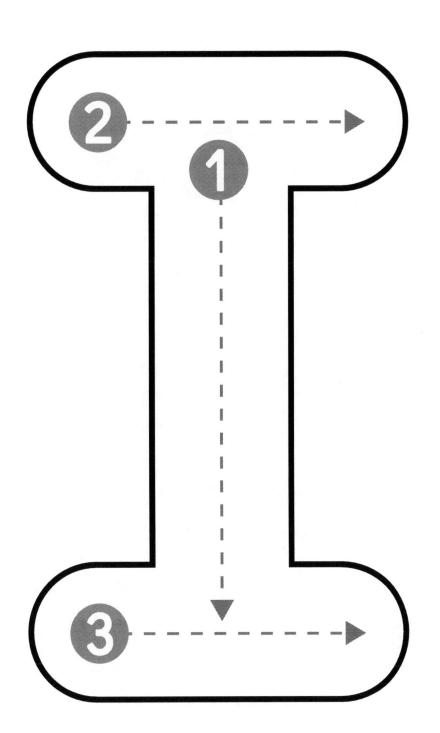

Isla

i de isla

Traza

Colorea

Dibuja

Encuentra y colorea la letra

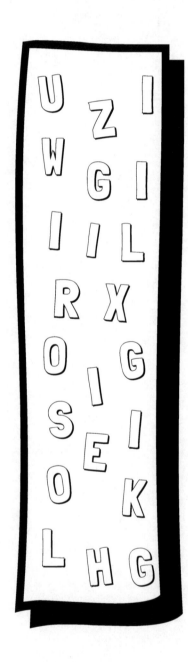

Colorea las imágenes que empiecen por la letra I

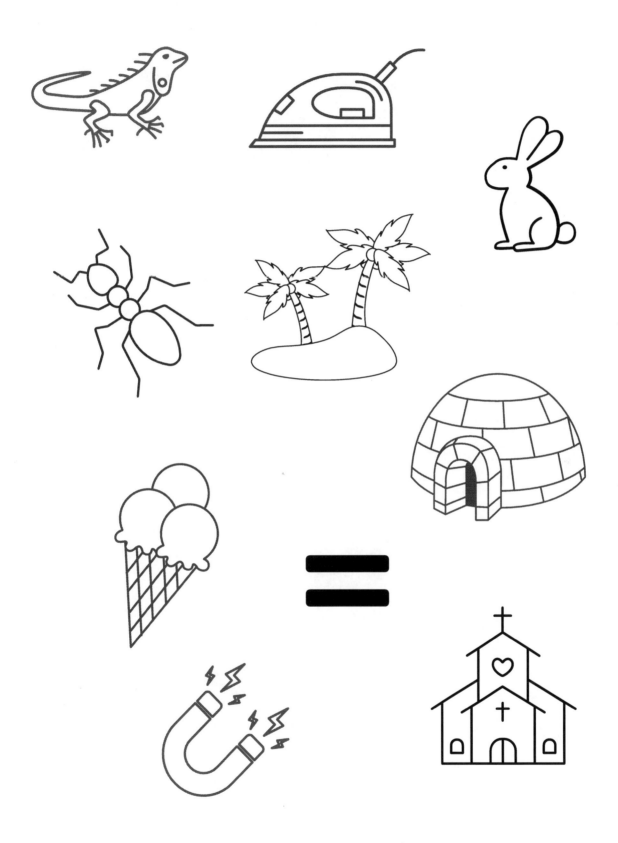

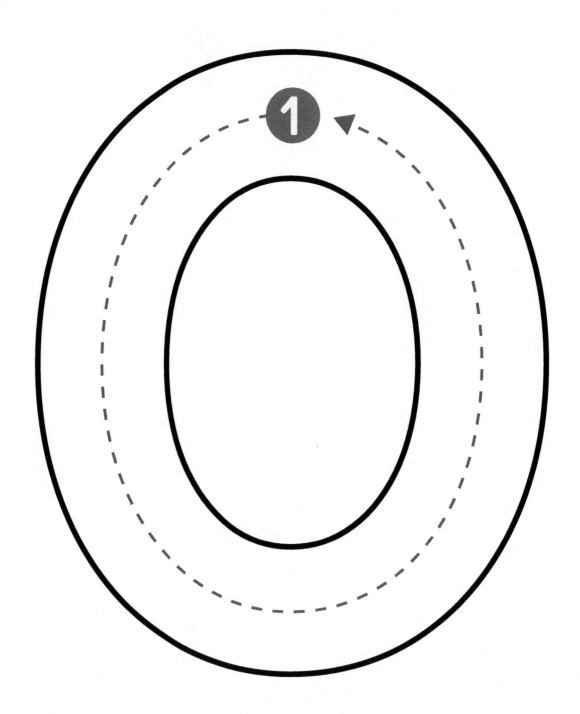

Oso

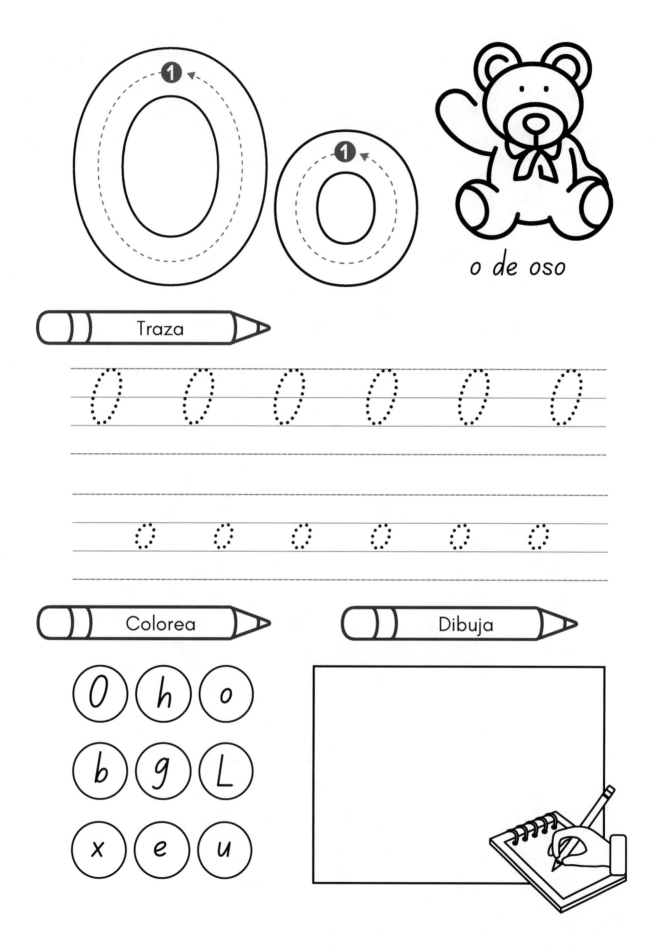

o de oso

Traza

Colorea

Dibuja

Encuentra y colorea la letra

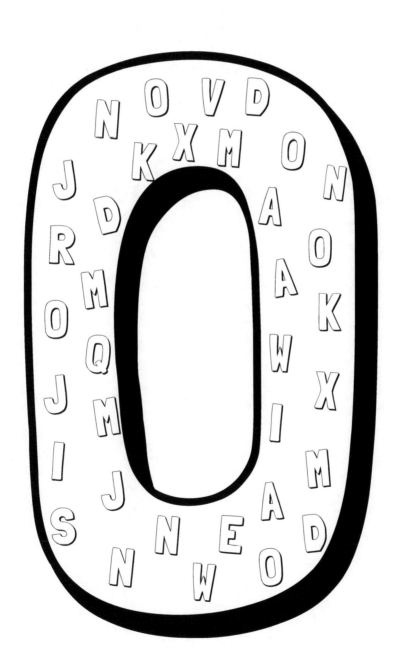

Colorea las imágenes que empiecen por la letra O

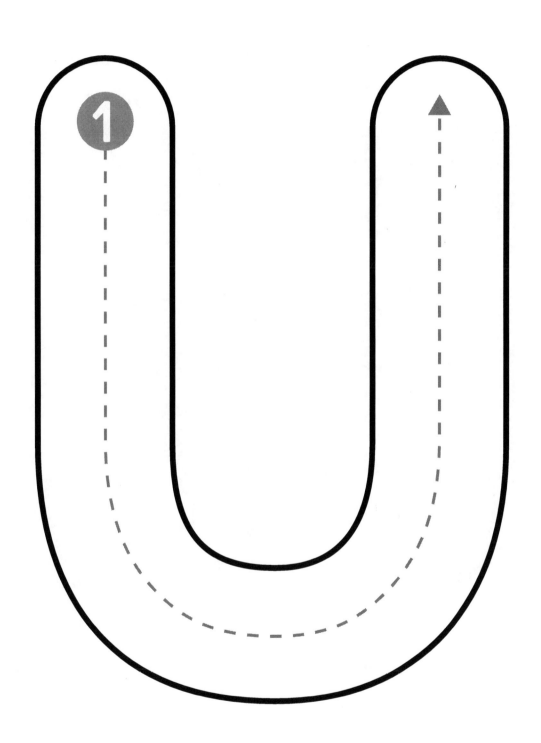

Unicornio

u de unicornio

Traza

Colorea

v V u

U w W

m w v

Dibuja

Encuentra y colorea la letra

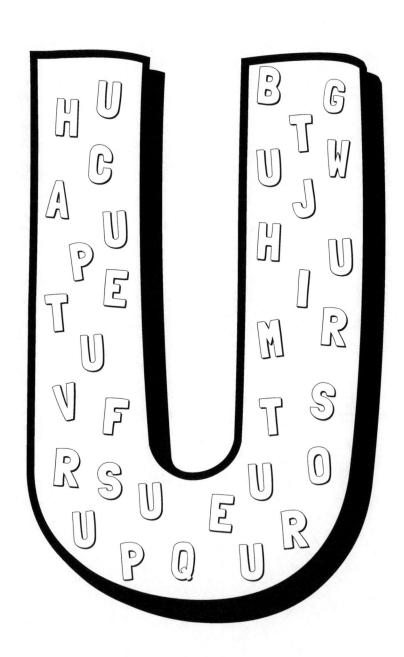

Colorea las imágenes que empiecen por la letra U

Colorea las partes del dibujo según el color indicado.

VERDE A a   **CAFE** E e   **NEGRO** I i

ROSA O o   **AZUL** U u

Colorea el dibujo que inicie con la vocal indicada.

A a

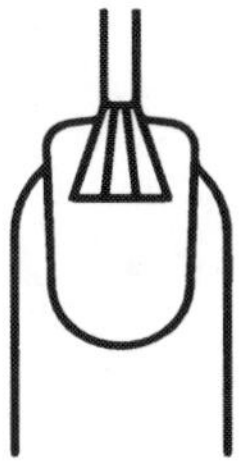

E e

I i

O o

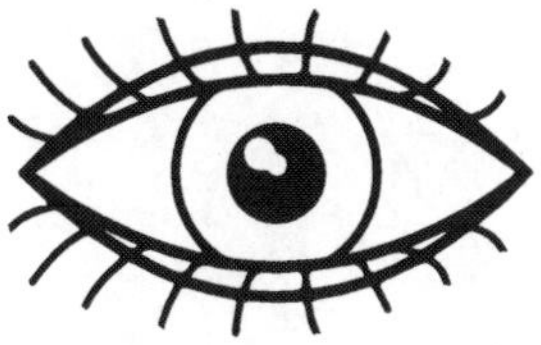

U u

Aprendo palabras y frases simples

El abecedario

Traza las letras

Aa   Bb   Cc   Dd

Ee   Ff   Gg   Hh

Ii   Jj   Gg   Ll

Mm   Nn   Oo   Pp

Qq   Rr   Ss   Tt

Uu   Vv   Ww   Xx

Yy   Zz

B **b**

b de burro

Traza

B B B B B

b b b b b b

Colorea

b D d
w q B
b d a

Dibuja

Encuentra y colorea la letra

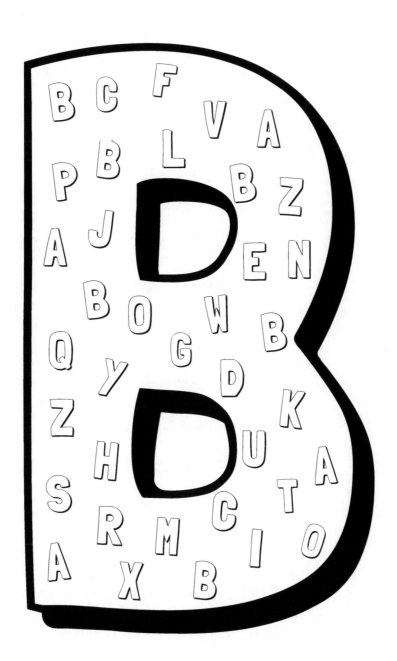

Bb

burro

ba	be	bi	bo	bu
bo	bi	bu	ba	be

burro	bebé	bonito	bien
bolsa	Benito	botas	cubeta

1. Belinda tira la cubeta

2. Benito bebe leche

3. Esa bolsa es café

4. Elisa usa bufanda

5. Bebito es un bebé

6. Beto usa bermudas

7. La tienda está abierta

8. Beti usa botas bonitas

Completa las palabras, y escribelas sobre las líneas.

 __ __ta

_ _ _ _ _

 __ __rco

_ _ _ _ _

 _ __lón

_ _ _ _ _

 __ __tón

_ _ _ _ _

 __ __berón

_ _ _ _ _ _ _

 nu__ __

_ _ _ _

 __ __bé

_ _ _ _ _

 __ __rro

_ _ _ _ _

Escribe las palabras que faltan guiandote por los dibujos y lee las oraciones.

El bebé usa [ ]

La [ ] de Beto y Belinda.

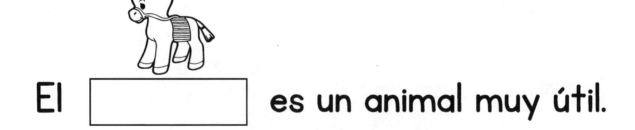

El [ ] es un animal muy útil.

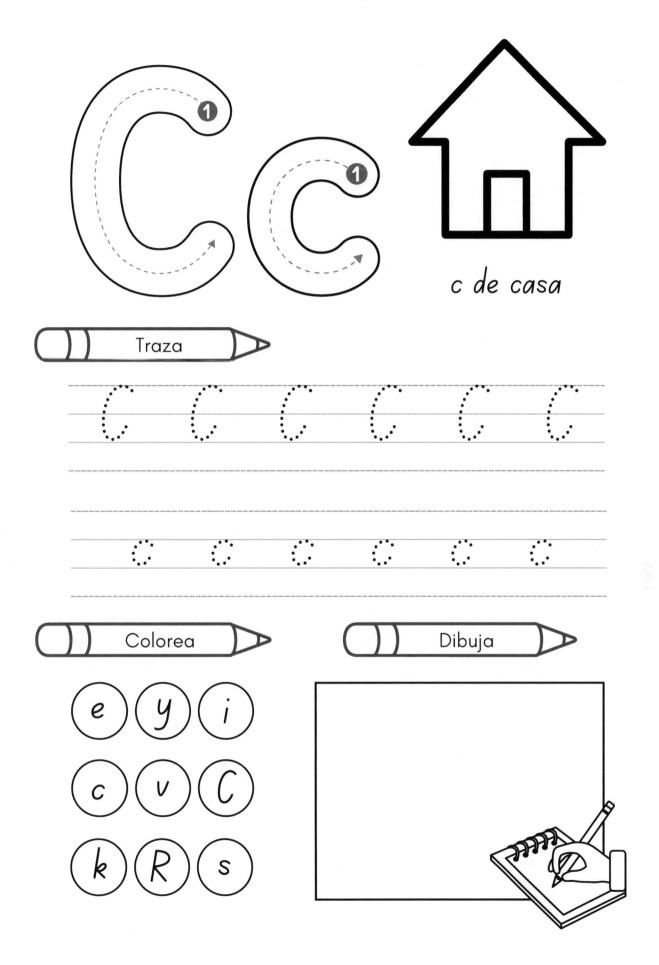

C c

c de casa

Traza

Colorea

e   y   i
c   v   C
k   R   s

Dibuja

Encuentra y colorea la letra

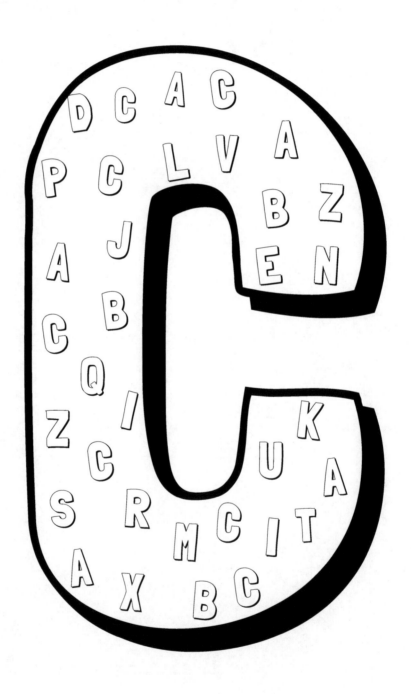

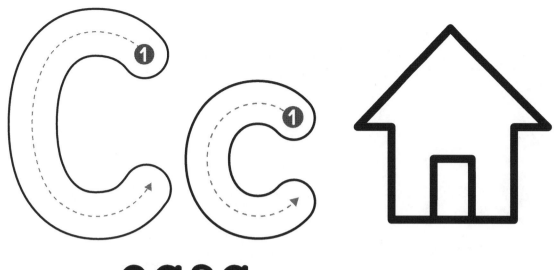

casa

ca   co   cu

co   cu   ca

cara   col   cuna   casa

Cuca   comida   Carmen   saco

1. Cuca tiene comida
2. Cuca tiene catarro
3. Mi tía lee una carta
4. El carro corre poco
5. Camila usa copete
6. Carmen pica papas
7. El costal tiene cartas
8. El costal tiene cocos
9. Carmen lee la carta
10. Carlos ríe contento

Une cada dibujo con su nombre y colorealos.

coco

cuna

carro

casa

cama

mosca

camisa

comida

De las palabras que están abajo, copia las que correspondan y escríbelas
al pie del dibujo respectivo.

| cuna | araña | coco | copete | mosca |
| caña | cama | camisa | carro | cara |

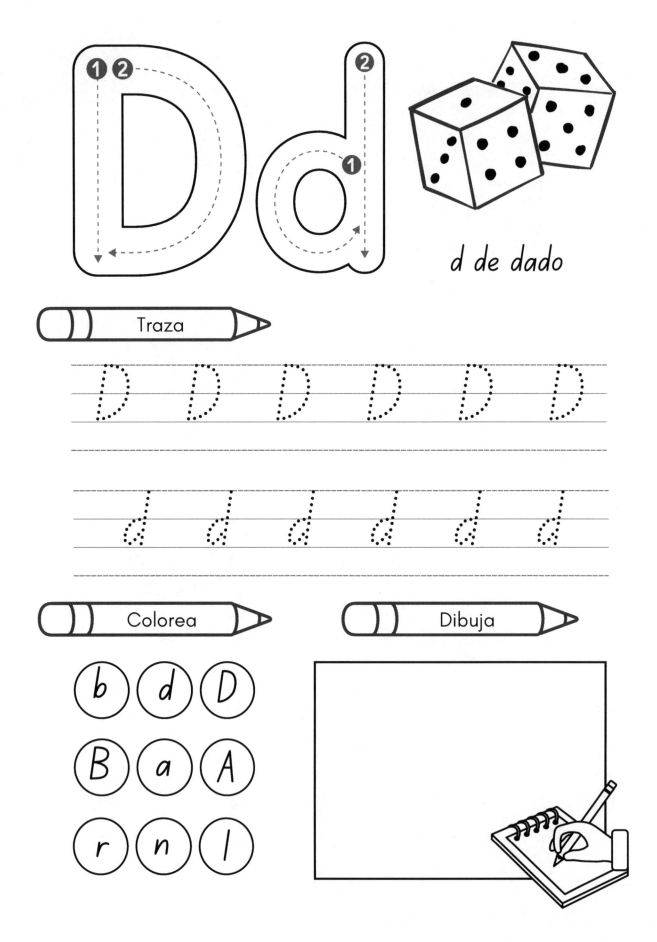

D d

d de dado

Traza

D D D D D D

d d d d d d

Colorea

b d D
B a A
r n l

Dibuja

Encuentra y colorea la letra

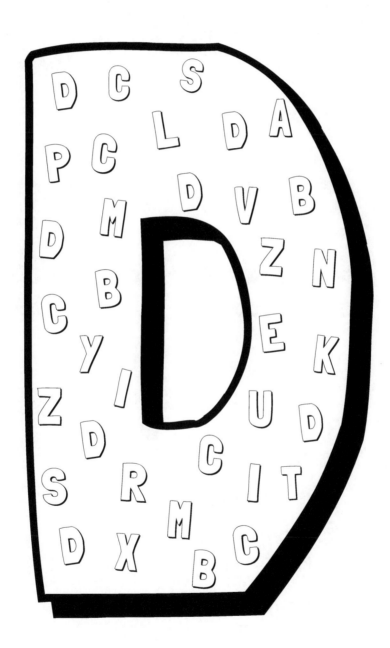

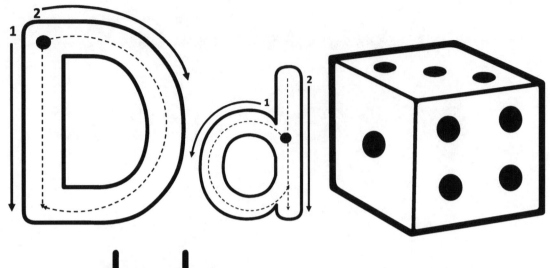

dado

da   de   di   do   du
do   di   du   da   de

lodo   dame   dale   duele
dalia   dado   todo   Dodi

1. Dora es modista
2. Delia toma soda
3. Aldo tiene un dado
4. Dora nada en el río
5. El disco es de Diana
6. Daniel poda el pasto
7. Dalia tiene dos dados
8. Dale ese dado a papá
9. Daniel anda a la moda
10. Ricardo es un soldado

Completa las palabras, y escribelas sobre las líneas.

 __do

_ _ _ _ _

 __rdo

_ _ _ _ _

 __na

_ _ _ _ _

__ente

_ _ _ _ _ _

 __ende

_ _ _ _ _ _

__lce

_ _ _ _ _

 __mino

_ _ _ _ _ _ _

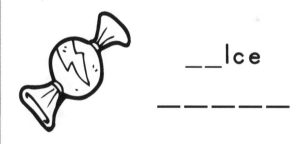 __nero

_ _ _ _ _ _

Escribe las palabras que faltan guiandote por los dibujos y lee las oraciones.

Delia tiene un [   ]

Dora [   ] en el río.

Aldo tiene [   ] dados.

Ese [   ] es de papá.

Memo es [   ]

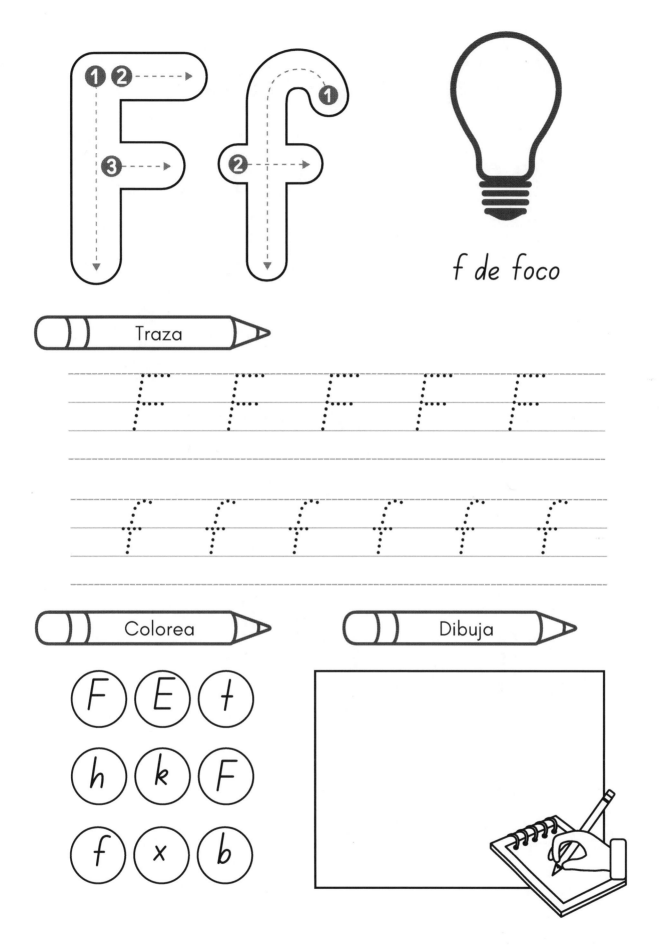

f de foco

Traza

Colorea

Dibuja

Encuentra y colorea la letra

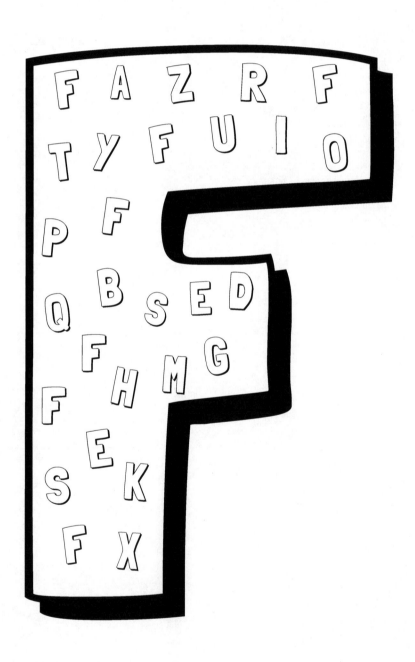

foco

fa	fe	fi	fo	fu
fi	fu	fa	fe	fo

fama	faro	foca	Felipe	feo
fina	fuera	fiesta	familia	

1. La fiesta es por el santo
2. La familia está reunida.
3. Felipe le dio un pastel.
4. Afuera suena fuerte la música.
5. El león es fuerte.
6. El foco se fundió.
7. Fernando fue a la escuela.
8. Este sofa es cómodo.

Completa las palabras, y escribelas sobre las líneas.

 __ co

_ _ _ _ _

 __ lda

_ _ _ _ _

 __ ca

_ _ _ _ _

 __ ente

_ _ _ _ _ _

 __ esta

_ _ _ _ _ _

 __ ntasma

_ _ _ _ _ _ _

De las palabras que están abajo, copia las que correspondan y escríbelas al pie del dibujo respectivo.

_____   _____

_____   _____

fuego   foca   fino   fiera   fresa   fila
fantasmas   fuente   falda

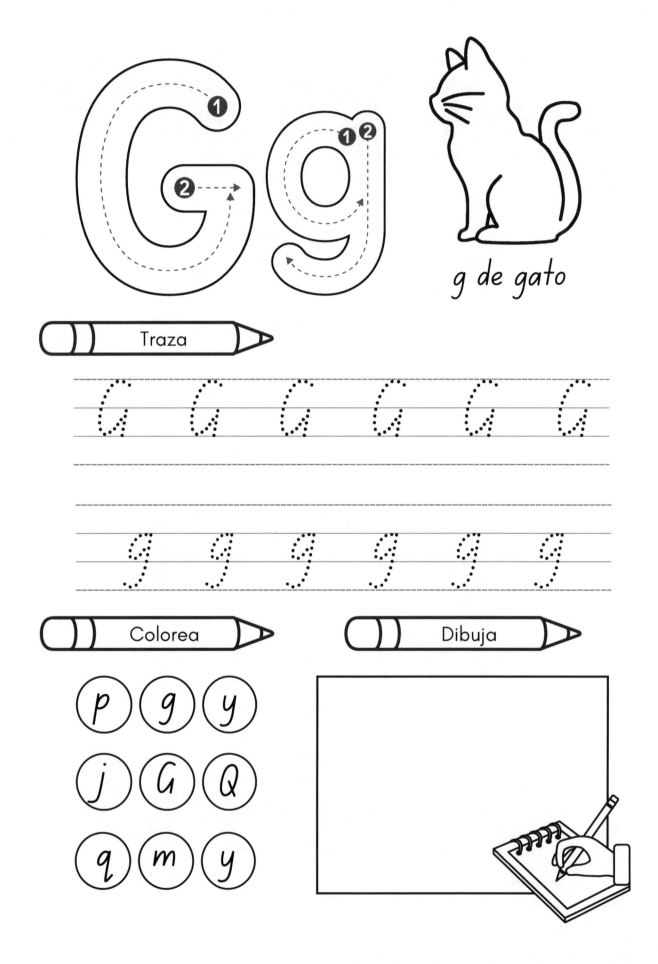

G **g**

g de gato

Traza

G G G G G G

g g g g g g

Colorea

p g y

j G Q

q m y

Dibuja

Encuentra y colorea la letra

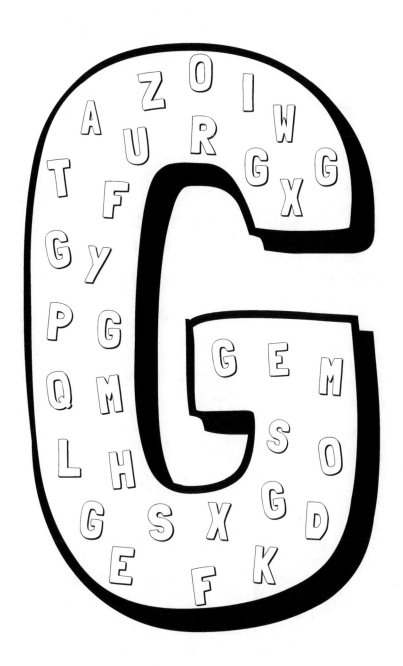

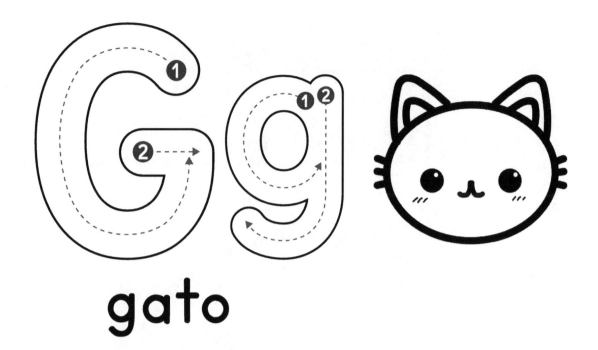

gato

ga   gue   gui   go   gu
go   gui   gu   ga   gue

Gabino   agua   ganzo   gato
lago   guerrero   amigo   gorra

1. Diego toma agua
2. El gusano está gordo
3. Gustavo tiene amigos
4. El gatito juega contento
5. El pato juega en el lago
6. Gabi tiene un gato gordo
7. Diego es amigo de Gabi
8. El ganso nada en el lago
9. El carro no tiene gasolina
10. Tengo un gato de angora

Completa las palabras, y escríbelas sobre las líneas.

 __to
_ _ _ _ _

 re__lo
_ _ _ _ _ _

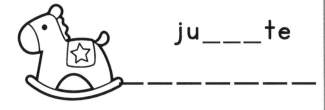 ju___te
_ _ _ _ _ _ _

__sano
_ _ _ _ _ _

 __rila
_ _ _ _ _ _

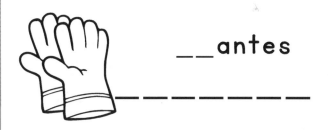 __rro
_ _ _ _ _

 __antes
_ _ _ _ _ _ _

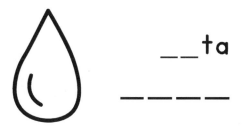 __ta
_ _ _ _

De las palabras que están abajo, copia las que correspondan y escríbelas al pie del dibujo respectivo.

_____   _____   _____

_____   _____   _____

gorro   manguera   gato   guantes   gallina
gusano   gorila   juguete   guantes   guitarra

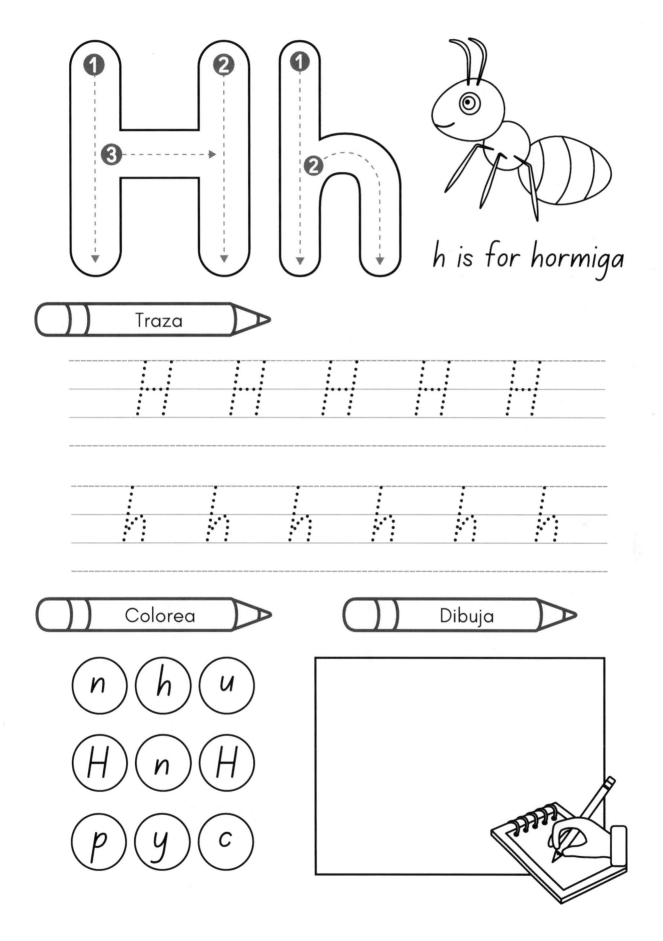

Hh

h is for hormiga

Traza

Colorea

Dibuja

n h u

H n H

p y c

Encuentra y colorea la letra

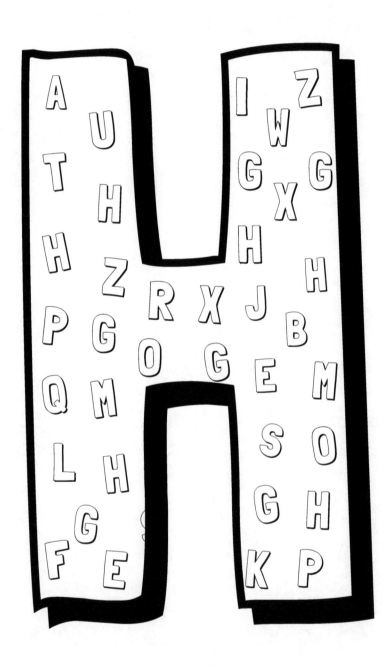

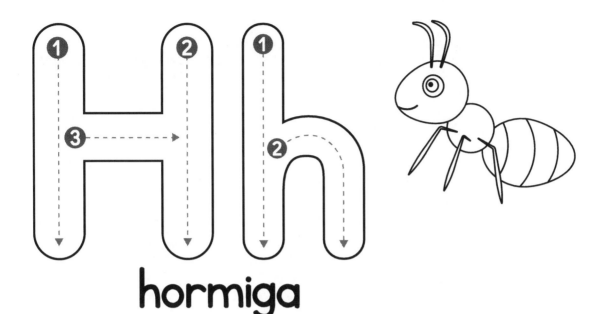

Hh

hormiga

ha he hi ho hu
ho hi hu ha he
hora hace hada huevo
Hilario Homero Humberto

1. Hugo ve un búho
2. Es hora del recreo
3. El agua está helada
4. Hay hielo en el piso
5. Hugo come cacahuates
6. Hugo juega con Hilda
7. Marta recoge hojas
8. Humberto come higos
9. Hector tiene un perro
10. Hilda pasea por la hierba

Completa las palabras, y escribelas sobre las líneas.

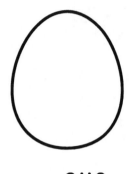

__ __ e v o

_ _ _ _ _

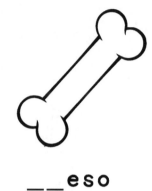

__ __ e s o

_ _ _ _ _

__ __ j a

_ _ _ _ _

__ __ l a d o

_ _ _ _ _ _

__ __ e l o

_ _ _ _ _

__ __ d a

_ _ _ _

Escribe las palabras que faltan guiandote por los dibujos y lee las oraciones.

Hay [ ] en el piso.

Ahí estaba el [ ]

Hugo come [ ]

La [ ] carga hojas.

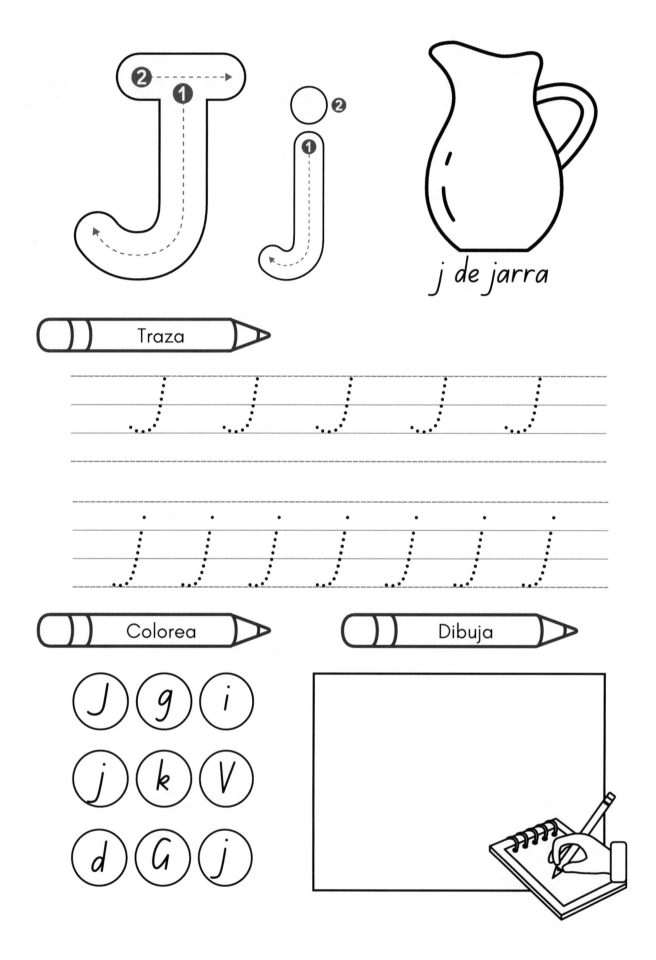

j de jarra

Traza

Colorea

Dibuja

Encuentra y colorea la letra

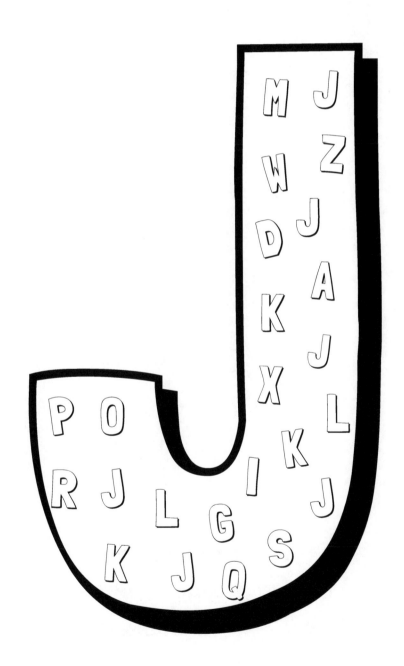

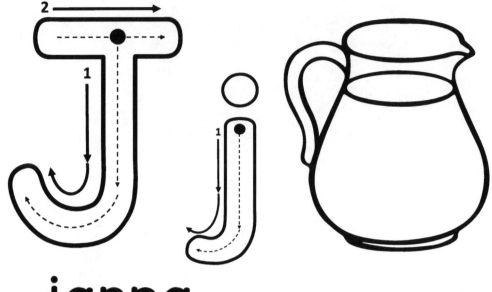

jarra

ja	je	ji	jo	ju
jo	ji	ju	ja	je

jefe   jamás   cojin   sonaja

espejo   rojo   reja   lentejas

1. El cojín es rojo
2. Mi jefe es Jose
3. El conejo se asustó
4. Julia viaja a Japón
5. La reja tiene candado
6. La vasija tiene jícama
7. Esa caja tiene cajeta
8. Jose usa jabón blanco
9. Josefina come lentejas
10. El jabalí está en la jaula

De las palabras que están abajo, copia las que correspondan y escríbelas al pie del dibujo respectivo.

_____

_____

_____

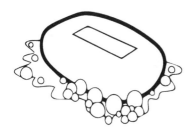

_____

_____

_____

jarra   jeringa   abeja   sonaja   jirafa   jugo
jabón   baraja   juguete   conejo   naranja

Completa las palabras, y escribelas sobre las líneas.

espe__

_____

sona__

_____

__rafa

_____

__rra

_____

cone__

_____

__go

_____

__bón

_____

__yas

_____

K k

k de koala

Traza

K K K K K

k k k k k k

Colorea

k K r
R t s
Y m w

Dibuja

Encuentra y colorea la letra

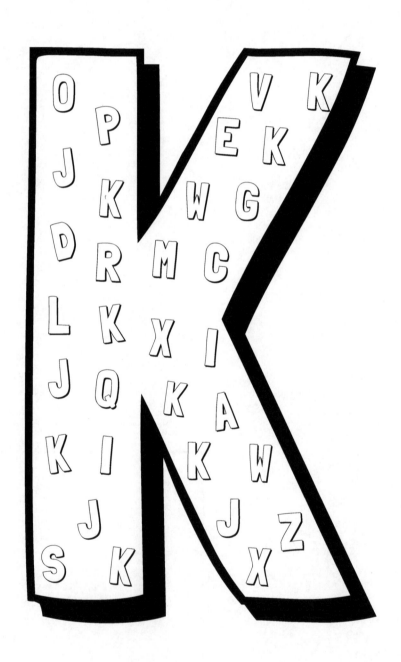

Une cada dibujo con su nombre y coloréalos.

karate

kiwi

kiosco

koala

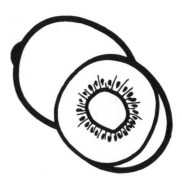

kimono

karaoke

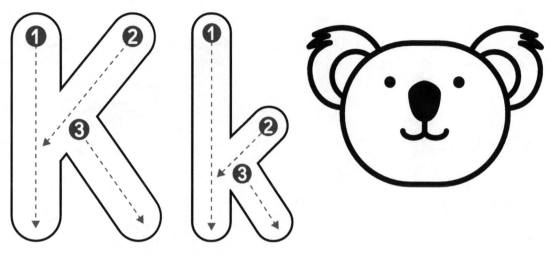

Kk

koala

ka   ke   ki   ko   ku
ko   ki   ku   ka   ke

kiosco   kilo   kimono   kayac

1. Erika come kiwi
2. Mis tías visitan Tokio
3. Katia está en el kiosco
4. Karla quiere un kimono
5. El esquimal tiene un kayac
6. El kiosco estaba iluminado
7. El señor Kuri enseña karate
8. Los japoneses usan kimonos
9. Compra diez kilos de azúcar

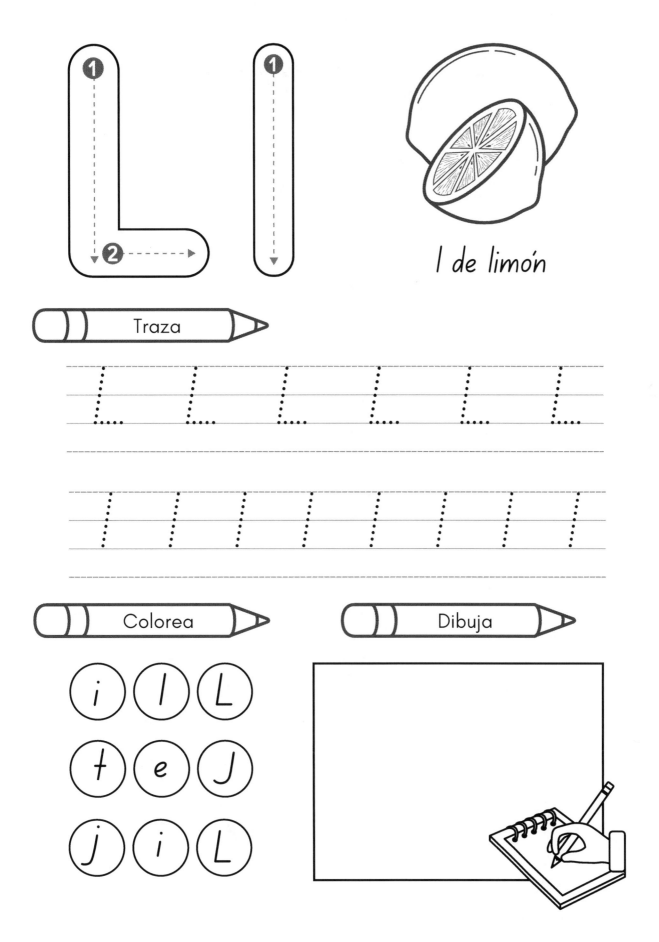

l de limón

Traza

Colorea

Dibuja

Encuentra y colorea la letra

Ll

luna

la   le   li   lo   lu
lo   li   lu   la   le

Lola   lima   sola   mala
sol   sal   atole   suelo

1. Alma es alta
2. Luis sale solo
3. Alma toma atole
4. Lola es lista
5. El mole está listo

6. El sol sale alto
7. El suelo esta liso
8. Elisa salta alto
9. Esta es mi lima
10. Este es mi elote

Colorea los lápices que tengan la letra I mayúscula y minúscula.

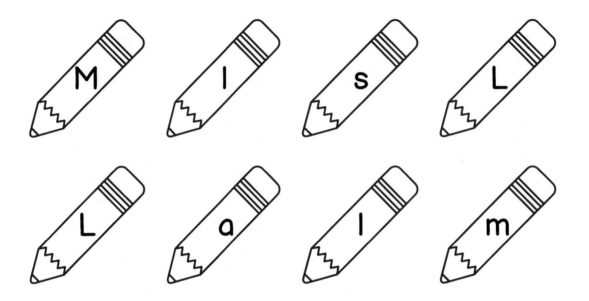

Encierra los libros con imágenes que inicien con el sonido de la letra I.

Escribe la sílaba con la que inicia cada imagen.

Escribe sobre las líneas las sílabas faltantes en cada palabra.

ca__ __ baza

pa__ __ta

co__ __ res

po__ __cía

rega__ __

ma __ __ ta

Colorea y traza las siguientes sílabas.

la	la	la	la	la
le	le	le	le	le
li	li	li	li	li
lo	lo	lo	lo	lo
lu	lu	lu	lu	lu

M m

m de mamá

Traza

M M M M M

m m m m m

Colorea

w W m

n N M

f y k

Dibuja

Encuentra y colorea la letra

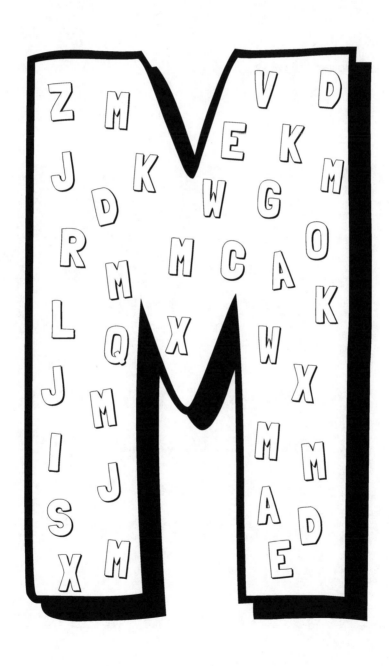

M m

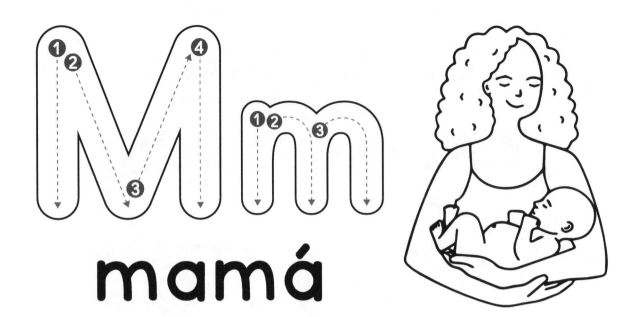

mamá

| ma | me | mi | mo | mu |
| mo | mi | mu | ma | me |

| mamá | Memo | Ema | Mimi |
| amo | ama | mima | mío |

1. Mi mamá me ama
2. Ema mima a Mimi
3. Memo ama a Ema
4. Mamá mima a Memo
5. Mami me mima
6. Mamá ama a Memo
7. Amo a mi mamá

Colorea las manzanas que tengan la letra Mm mayúscula y minúscula.

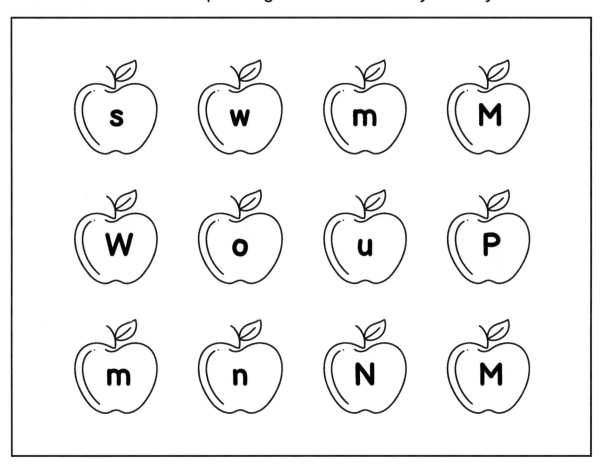

Colorea las imágenes que inicien con el sonido de la letra m.

Tacha la sílaba con la que inicia cada imagen.

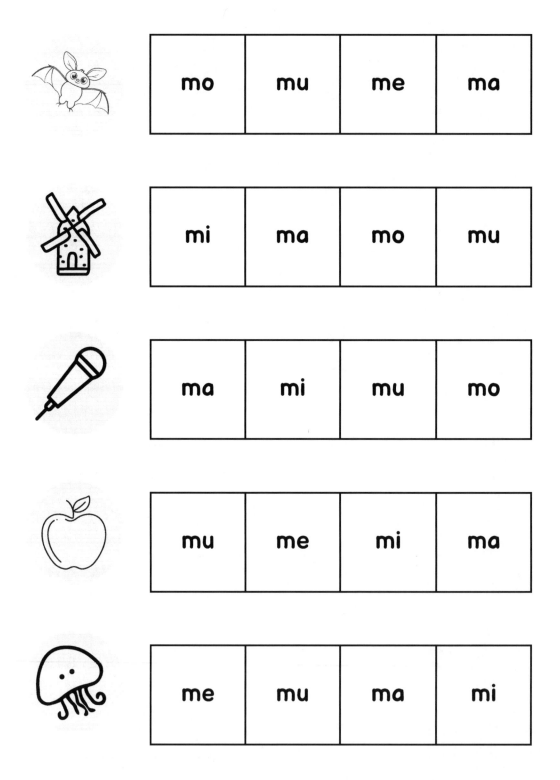

| mo | mu | me | ma |

| mi | ma | mo | mu |

| ma | mi | mu | mo |

| mu | me | mi | ma |

| me | mu | ma | mi |

Escribe sobre las líneas la sílaba faltante en cada palabra.

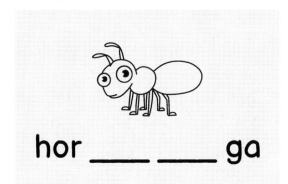

hor ____ ____ ga

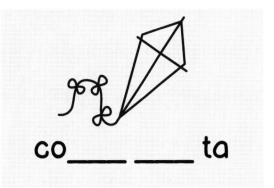

co____ ____ta

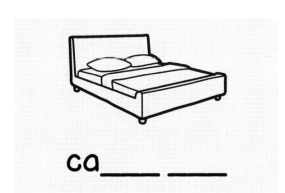

ca____ ____

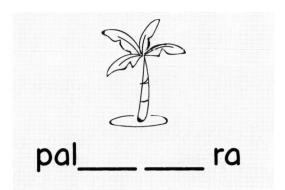

pal____ ____ra

Colorea las sílabas según el código de color.

ma	me	mi	mo	mu
rosa	amarillo	verde	azul	rojo

mo	me	mi	ma	me
ma	mi	mu	me	mo
mu	ma	me	mo	mi
mi	mo	ma	mu	me

Encierra el dibujo que coincida con la sílaba escrita.

ma

me

mi

mo

mu

me

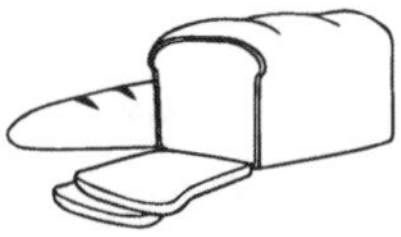

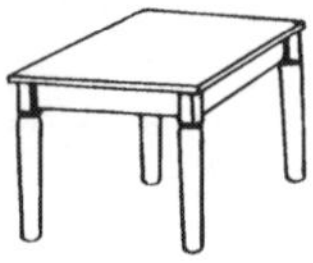

mo

mu

Nn

n de nido

Traza

N N N N N

n n n n n n

Colorea

j b d
t n M
N z a

Dibuja

Encuentra y colorea la letra

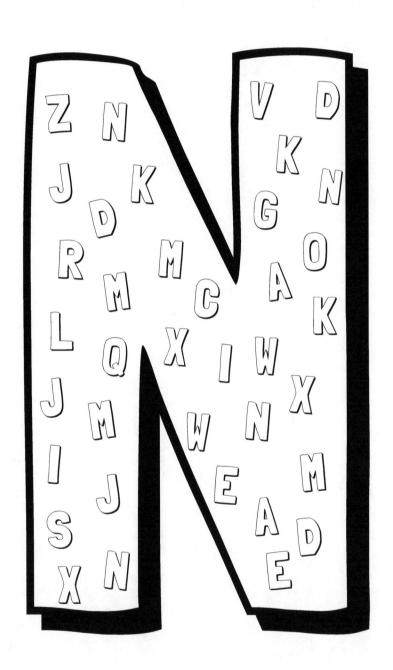

nido

na   ne   ni   no   nu
no   ni   nu   na   ne

nena   Anita   piano   uno
nata   unas   nudos   una

1. Noé es mi tío
2. Toma una tuna
3. Liliana es limpia
4. El pan tiene nata
5. Tatiana toma té

6. Mi tío usa lentes
7. Inés tiene un pan
8. El nene está pelón
9. Ernesto usa lentes
10. Inesita camina lento

Observa el dibujo y con las sílabas forma la palabra y por último escríbela.

		1
		2
		3

		1
		2
		3

		1
		2
		3

		1
		2
		3

		1
		2
		3

na	nis	pal	te	mo
no	no	tes	len	lu

Escribe las palabras que faltan guiandote por los dibujos y lee las oraciones.

Susana tiene unos [ ]

Ernesto usa [ ]

Los [ ] están limpios.

Elena pinta la [ ]

El [ ] está pelón.

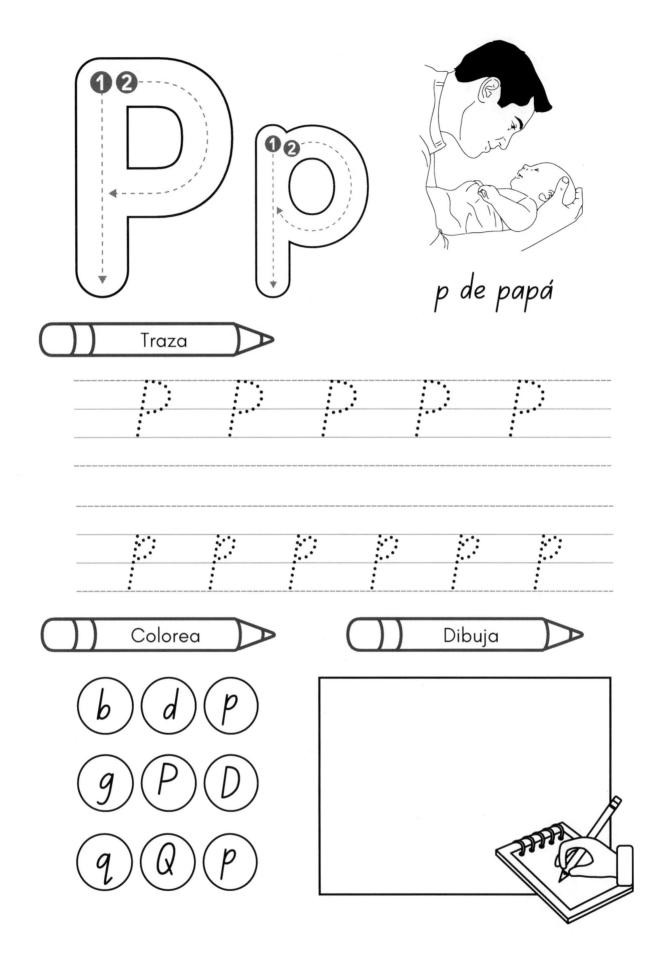

p de papá

Traza

Colorea

Dibuja

b d p

g P D

q Q p

Encuentra y colorea la letra

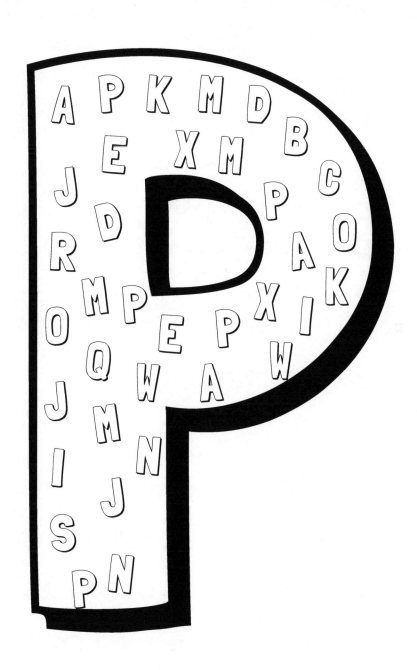

perro

pa   pe   pi   po   pu
po   pi   pu   pa   pe

papá   pesa   mapa   pipa

pasas   espuma   Pepe   sapo

1. Papá usa pipa

2. Mi pelo es liso

3. Ese sapo salta

4. Esa ropa es mía

5. Pepe toma sopa

6. Lupita toma sopa

7. Lupita tapa a Susi

8. Mi papá se pasea

Colorea las peras que tengan las letras p mayúsculas y minúsculas.

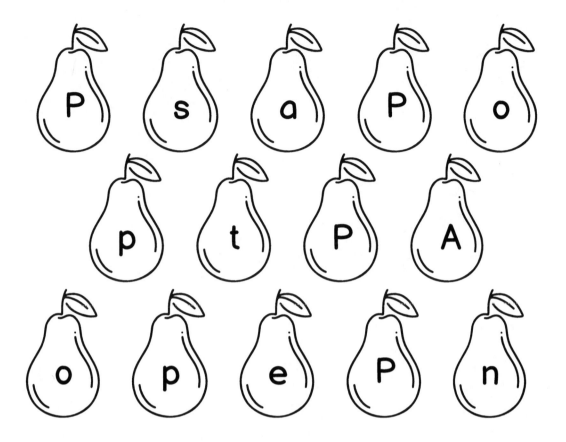

Encierra las imágenes que inicien con el sonido de la letra p.

Completa las siguientes palabras con la sílaba faltante.

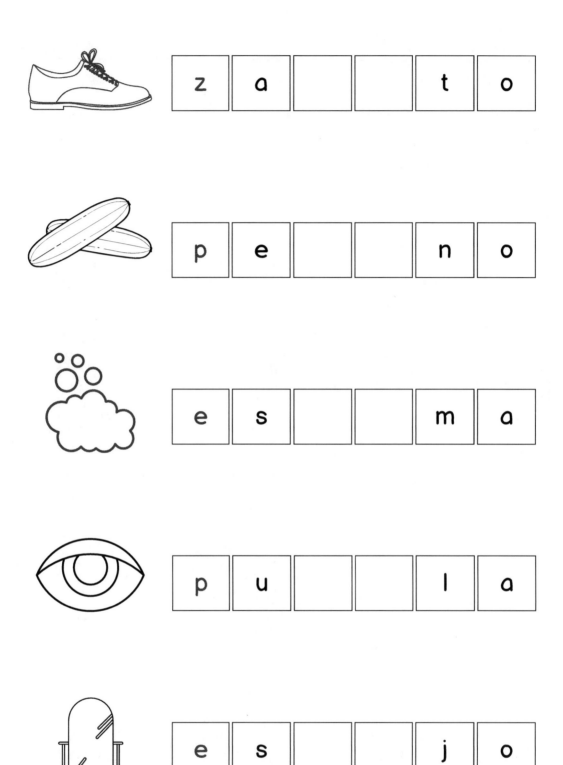

| z | a | | | t | o |

| p | e | | | n | o |

| e | s | | | m | a |

| p | u | | | l | a |

| e | s | | | j | o |

Completa las palabras, y escríbelas sobre las líneas.

 pul__

_ _ _ _ _ _

 __pá

_ _ _ _ _

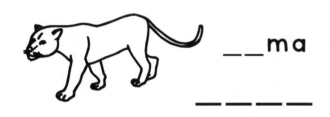 __ma

_ _ _ _

 __loma

_ _ _ _ _ _

 __leta

_ _ _ _ _ _

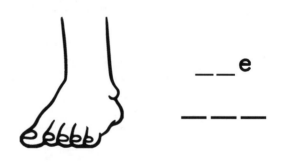 __e

_ _ _

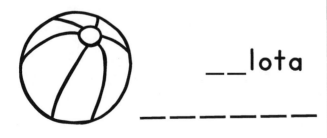 __lota

_ _ _ _ _ _

 __to

_ _ _ _ _

Escribe las palabras que faltan guiandote por los dibujos y lee las oraciones.

Ese [   ] es mío.

[   ] ama a mamá.

Ese [   ] es de Pati.

La [   ] y el pastel.

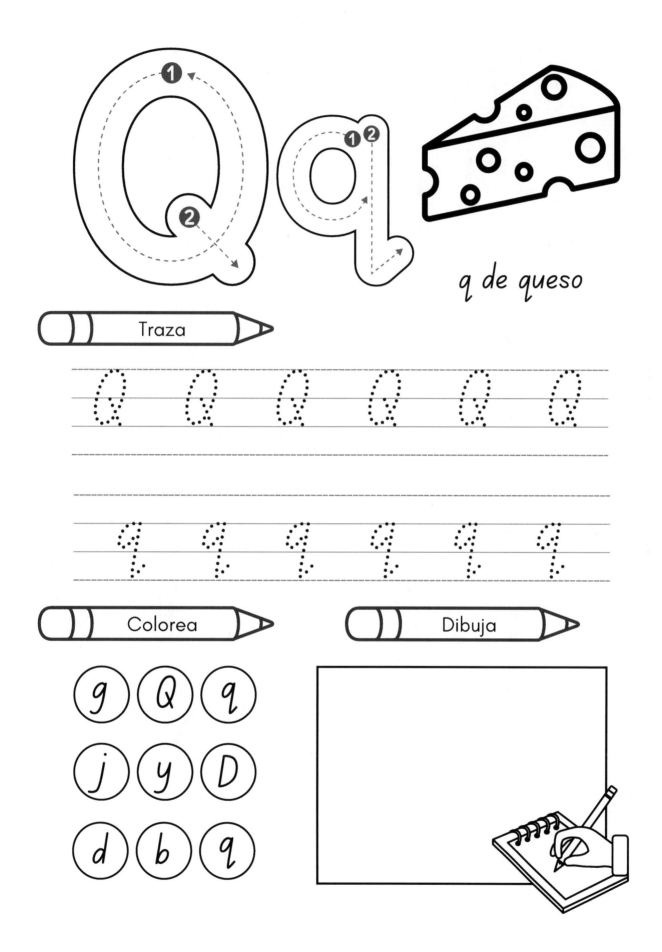

q de queso

Traza

Colorea

Dibuja

Encuentra y colorea la letra

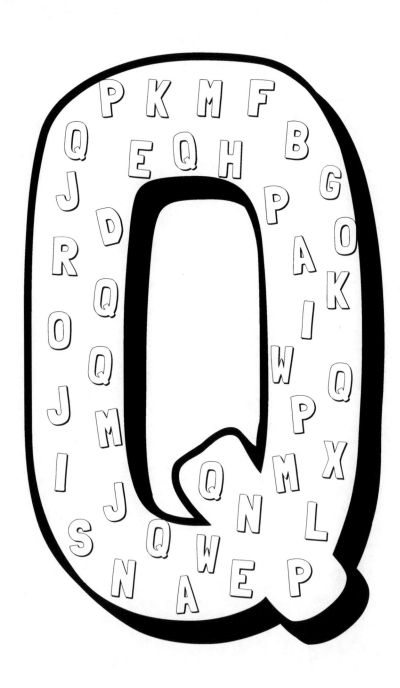

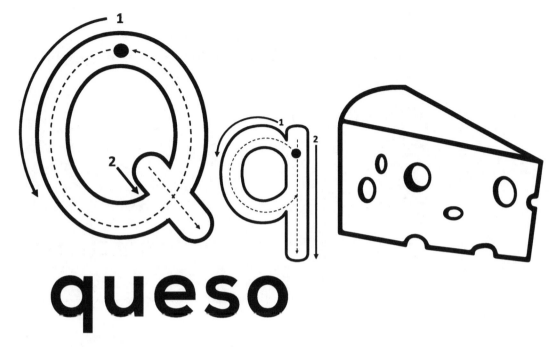

queso

que   qui

qui   que

Quico   quemar   queso   quiso
Queta   Paquito   maquina

1. Paquito está en la casa
2. Queta le dió un carrito
3. Quico quiere quitarcelo
4. Paquito quiere cocada
5. Queta quiere pan de queso
6. Ese carrito es de Quico

Completa las palabras, y escribelas sobre las líneas.

__nce

_ _ _ _ _ _

___sadilla

_ _ _ _ _ _ _ _ _ _

___micos

_ _ _ _ _ _ _ _

___so

_ _ _ _ _

___rubín

_ _ _ _ _ _ _ _

___tzal

_ _ _ _ _ _ _

Escribe las palabras que faltan guiandote por los dibujos y lee las oraciones.

Se quemo la [ ]

El [ ] come [ ]

El [ ] está en el equipaje.

Quirino tiene una [ ]

Ese [ ] es de Paquito.

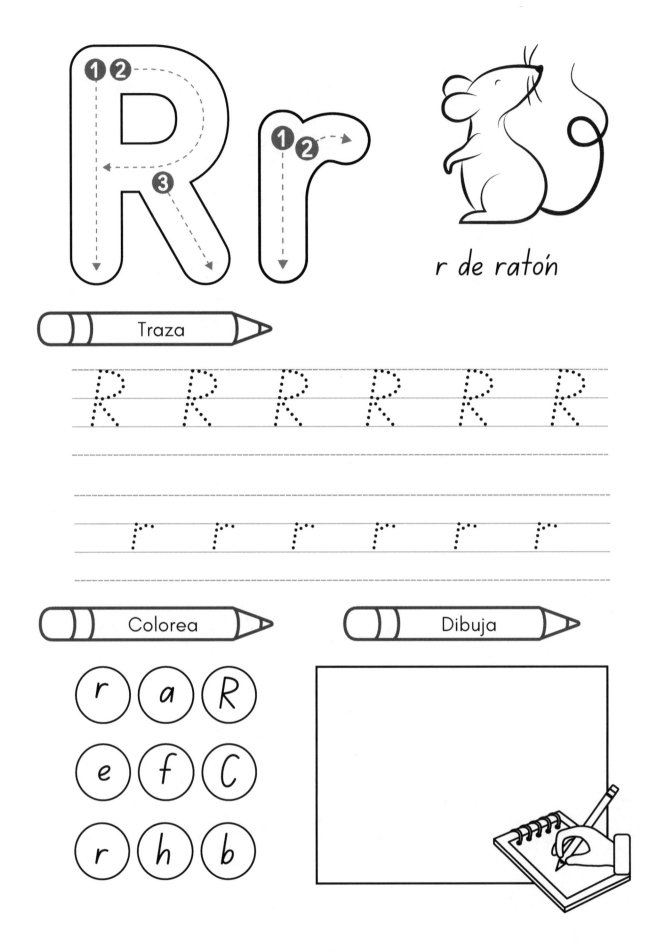

r de ratón

Traza

R R R R R R

r r r r r r

Colorea

r a R
e f C
r h b

Dibuja

Encuentra y colorea la letra

Rr

rana

ra re ri ro ru
ar er ir or ur
rro rri rru rra rre

ramo rosa perro torre
ruso tarro Rita Raúl

1. Rita se rie

2. Mira esa jarra

3. La torre es alta

4. El tarro está roto

5. Ramiro esta alerta

6. Ema salta la torre

7. El armario esta alto

8. El remo es de Raúl

9. Elisa salta los rieles

10. La torta está en la mesa

Une cada dibujo con su nombre y colorealos.

ramo

loro

rosa

aretes

toro

torre

rata

oro

Observa el dibujo y con las sílabas forma la palabra y por último escribela.

1	
2	
3	

1	
2	
3	

1	
2	
3	

1	
2	
3	

1	
2	
3	

re	rre	ro	ta	mo
to	mo	sa	ra	ra

s de sol

Traza

Colorea

Dibuja

Encuentra y colorea la letra

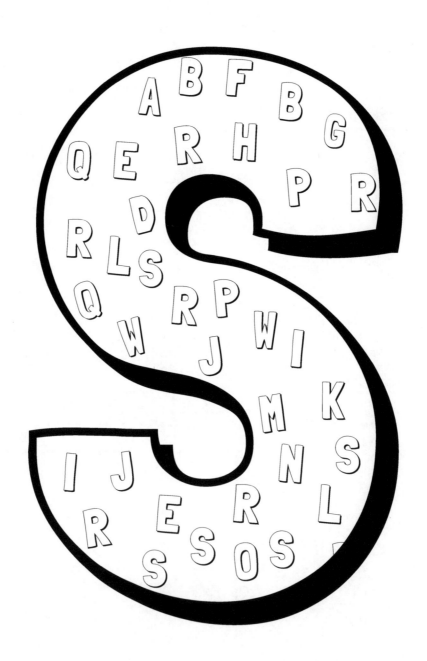

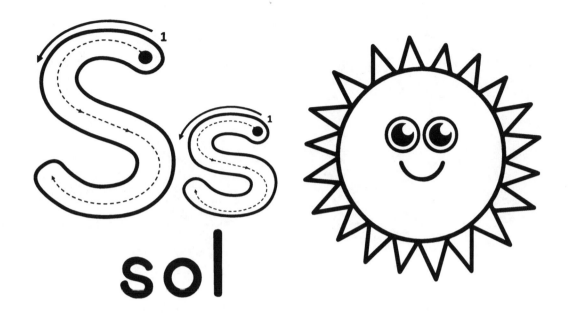

Ss

sol

sa   se   si   so   su
so   si   su   sa   se

oso   esa   mesa   Susu
usa   así   ese

1. Memo es así
2. Mimi es esa
3. Uso esa mesa
4. Mi oso se asea
5. Ese oso es mío
6. Mi masa es esa
7. Esa es mi mamá
8. Mi mamá es Ema

Colorea las sandías que tengan la letra s mayúscula y minúscula.

Colorea las imágenes que inician con el sonido de la letra s.

Busca recortes de revistas y pega la sílaba que faltan.

Pega
aquí

lla

Pega
aquí

éter

Pega
aquí

po

Pega
aquí

l

Pega
aquí

is

Escribe sobre las líneas la silaba que falta en cada palabra.

cami ___ ___

ro ___ ___

o ___ ___

ba ___ ___ ra

___ ___ ete

___ ___ máforo

Encierra el dibujo que coincida con la sílaba escrita.

si

sa

su

so

se

sa

so

si

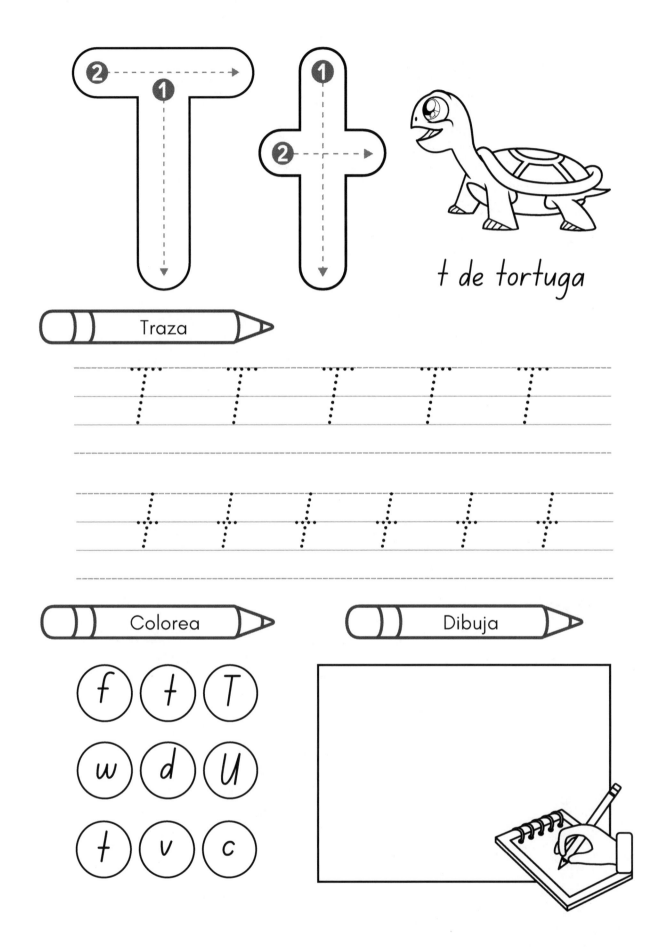

t de tortuga

Traza

Colorea

Dibuja

f t T

w d U

t v c

Encuentra y colorea la letra

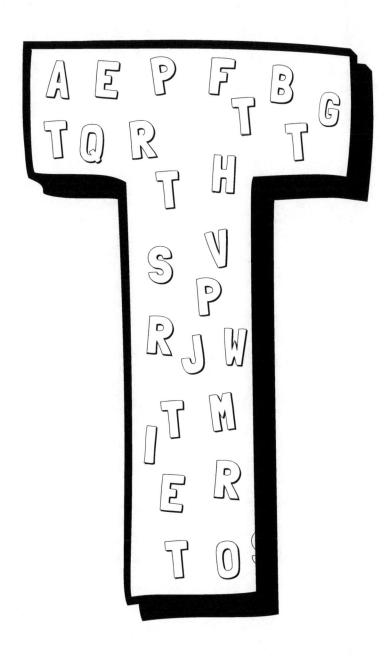

taza

ta   te   ti   to   tu
to   ti   tu   ta   te

mete toma Tito Tomas
Matute Emita moto tomate

1. Mi tía tose

2. Tito tose así

3. Mi tío toma té

4. Tita se asustó

5. Matute es mi tío

6. Tito ama a Emita

7. Esa moto es mía

8. Toma ese tomate

Colorea los tomates con la letra t mayúscula y minúscula.

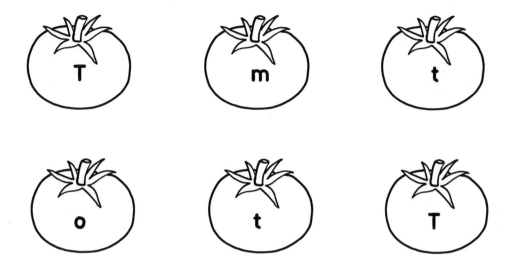

Encierra las imágenes que inicien con el sonido de la letra t.

Une cada imagen con su sílaba inicial.

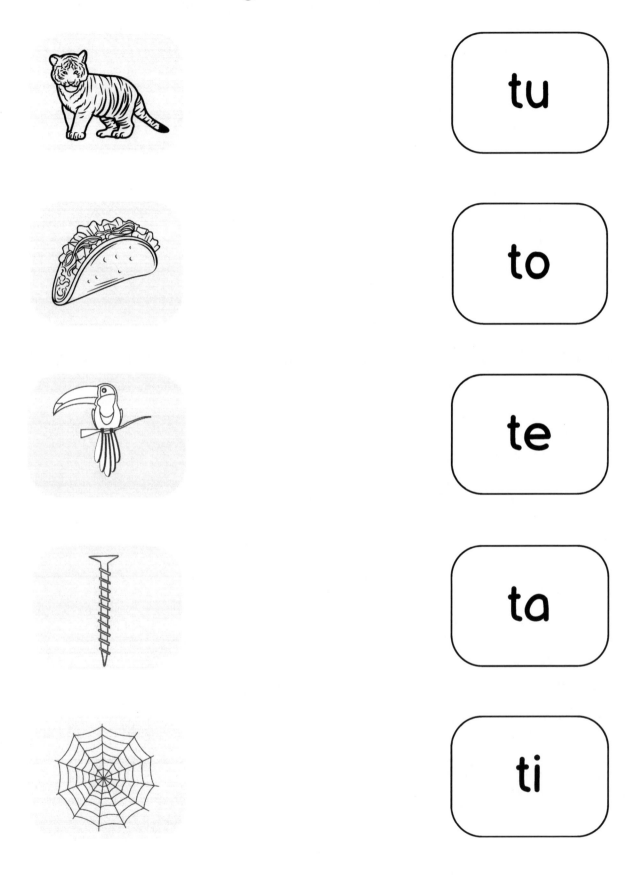

Escribe la sílaba que falta en cada palabra.

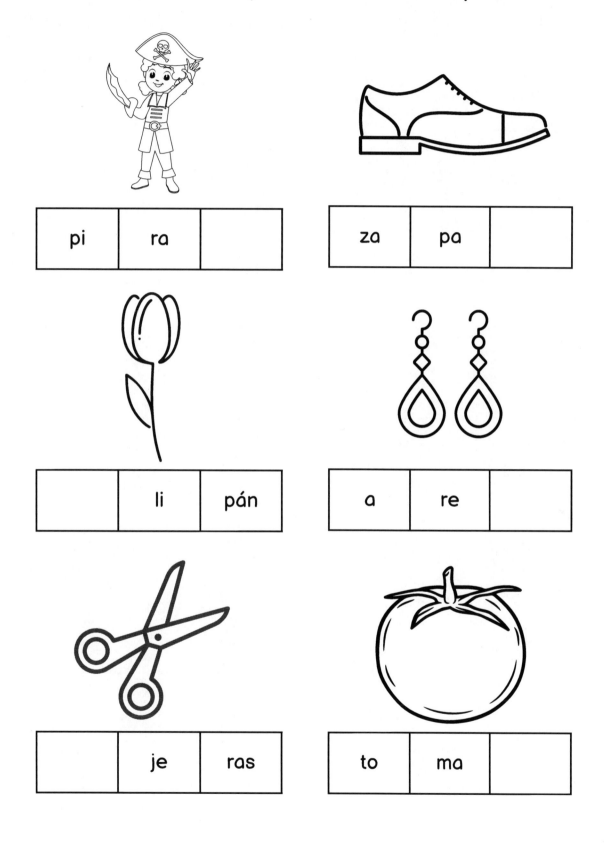

| pi | ra | |

| za | pa | |

| | li | pán |

| | a | re |

| | je | ras |

| to | ma | |

Encierra el dibujo que coincida con la sílaba escrita.

ti

te

ti

ta

tu

ta

te

to

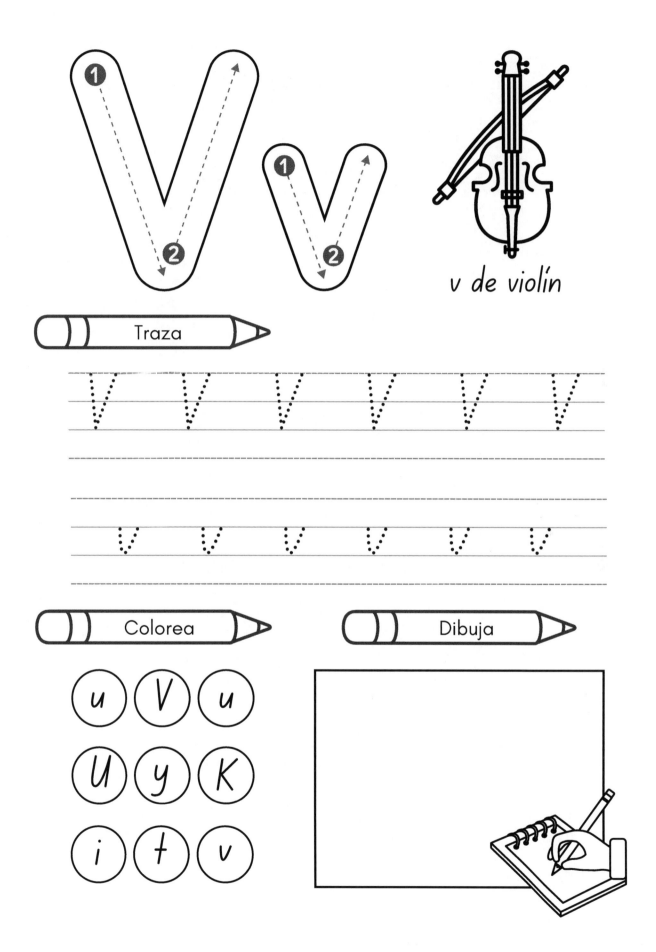

v de violín

Traza

Colorea

Dibuja

Encuentra y colorea la letra

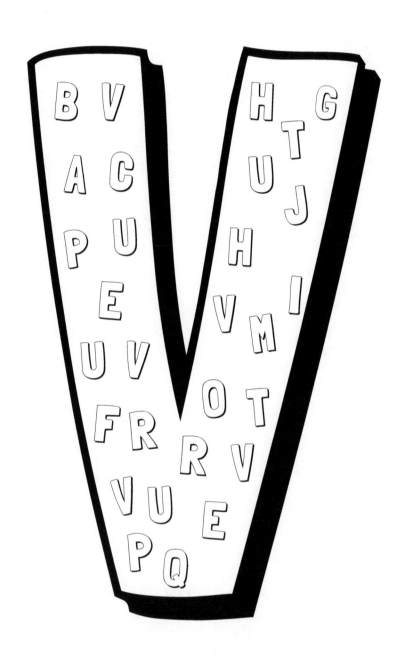

vaca

va   ve   vi   vo   vu

vo   vi   vu   va   ve

ventana   nave   nieve   vino

veo   vaca   Viviana   vaso

1. Veo una nave
2. La ventana está rota
3. Victor vino en avión
4. Victor toma nieve
5. El vaso tiene vino
6. Viviana vende velas
7. Las uvas son verdes
8. Salvador tiene vacas

Escribe el nombre de cada dibujo.

Escribe las palabras que faltan guiandote por los dibujos y lee las oraciones.

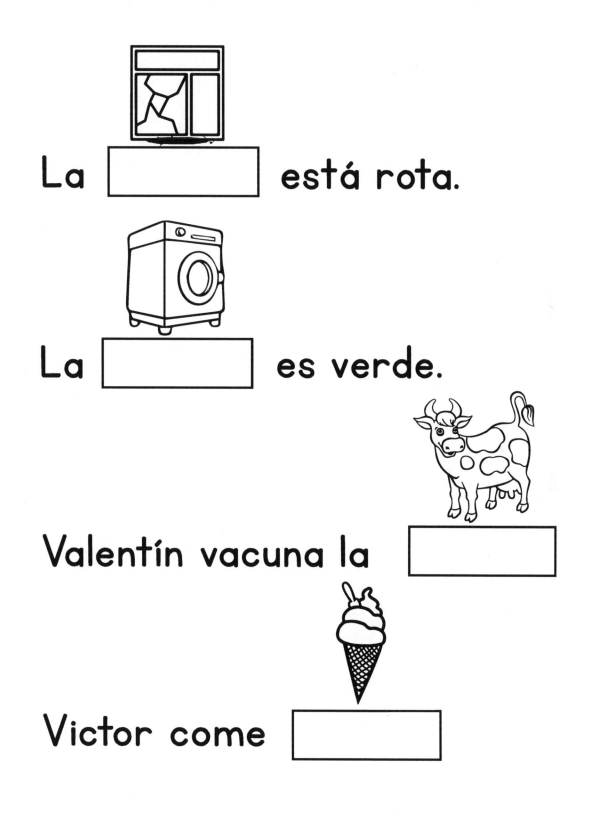

La [   ] está rota.

La [   ] es verde.

Valentín vacuna la [   ]

Victor come [   ]

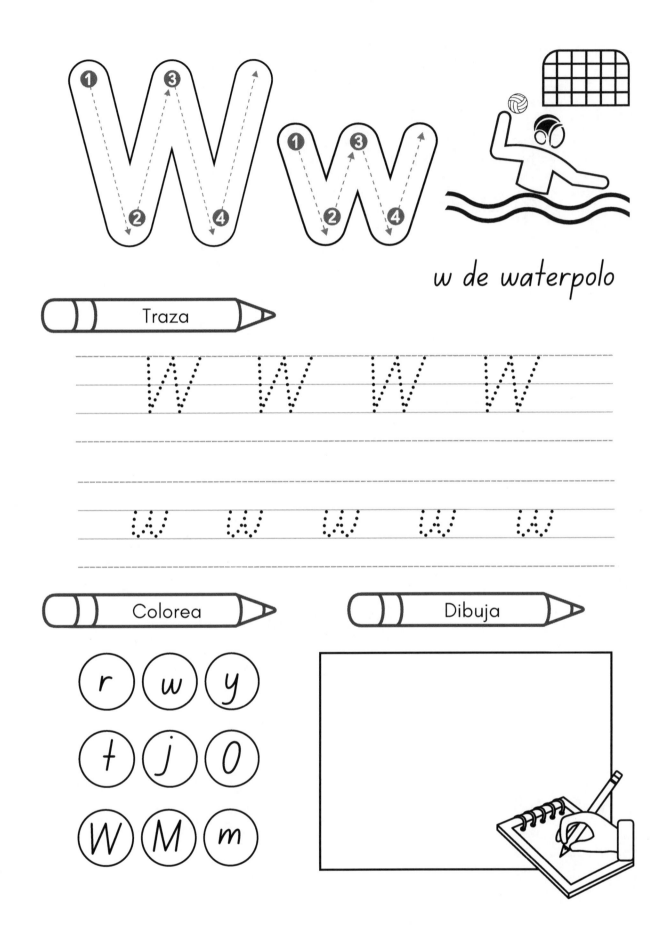

w de waterpolo

Traza

Colorea

Dibuja

r w y

t j o

W M m

Encuentra y colorea la letra

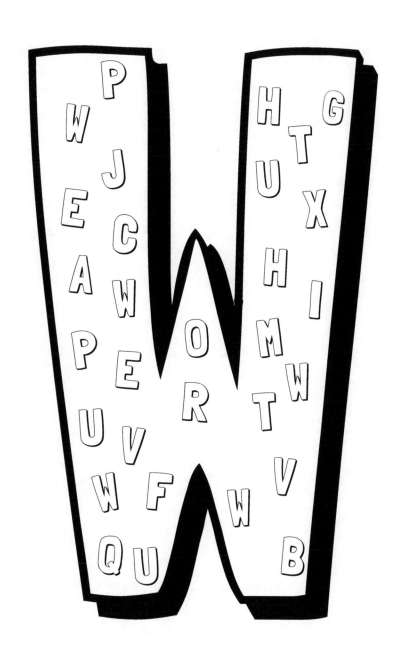

sandwich

wa   we   wi   wo   wu
wo   wi   wu   wa   we

Wendy   Walter   sandwich

1. Wendy juega waterpolo.
2. Wendy Wilson es alegre.
3. Wilfrido es mi amigo.

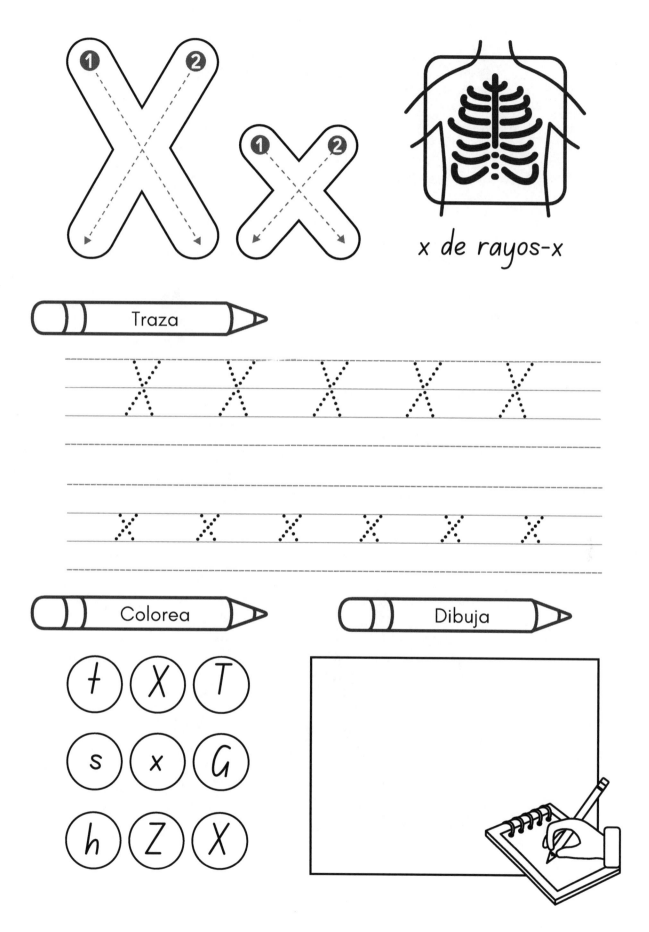

X x

x de rayos-x

Traza

Colorea

Dibuja

Encuentra y colorea la letra

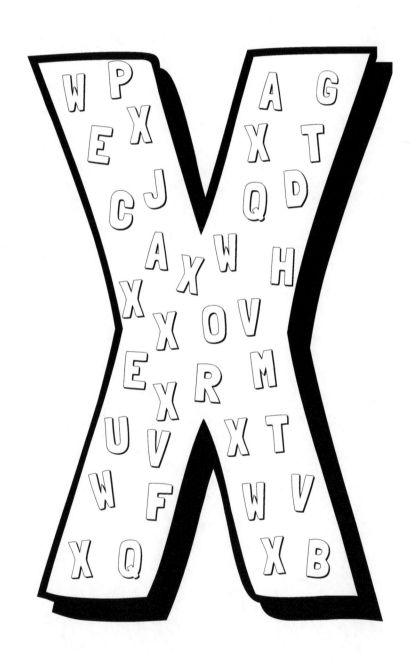

México

xa   xe   xi   xo   xu
xo   xi   xu   xa   xe

examen   Oaxaca   éxito

En Oaxaca nació don Benito Juárez,
fue un buen mexicano.
¡Examina su vida!
Yo soy de Texcoco, pero Félix y
Xochitl nacieron en Xochimilco.

Escribe la frase según corresponda.

Feliz tiene un taxi.   El examen es de sexto.

Máximo toca el saxofón.   México es muv extenso.

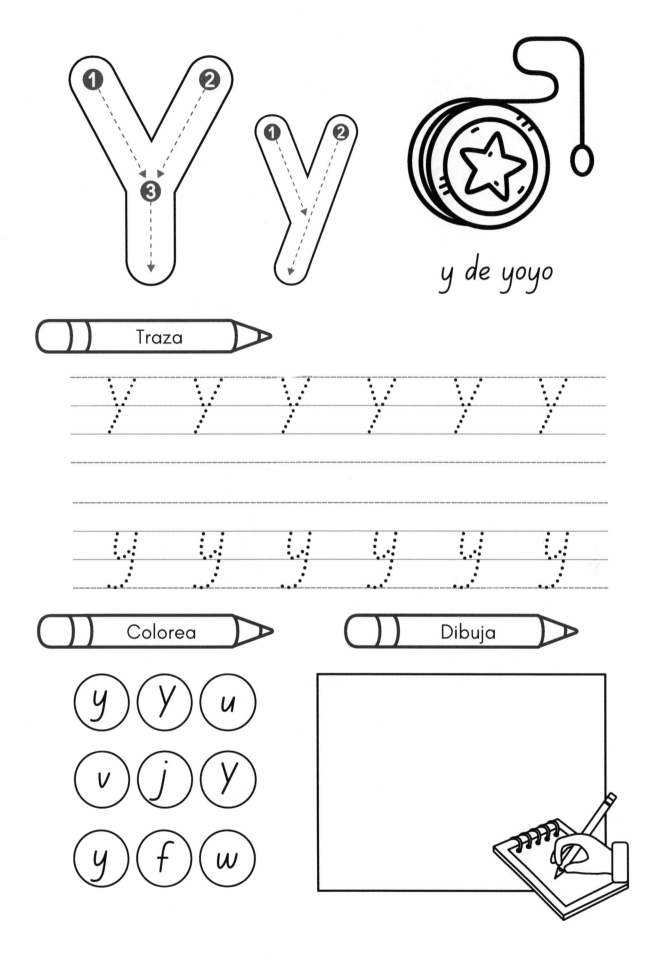

y de yoyo

Traza

Colorea

Dibuja

Encuentra y colorea la letra

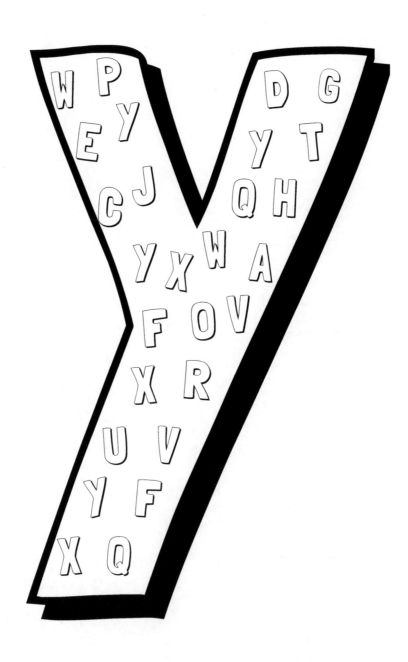

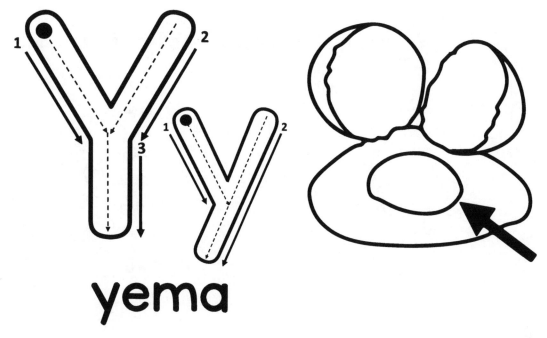

yema

ya	ye	yi	yo	yu
yo	yi	yu	ya	ye

yegua   yunta   yate   yuca

Yolanda   Yadira   Yucatán

1. Yo la ayudo
2. Yolanda ya lee
3. Ese yoyo es tuyo
4. Ya cayó ese rayo
5. Cesar tine un yoyo
6. Yo monto esa yegua
7. Tengo un yoyo nuevo
8. El rey pasea en yate
9. Yolanda va al arroyo
10. Yeyo juega con el yoyo

Completa las palabras, y escribelas sobre las líneas.

___gua

_ _ _ _ _

yo___

_ _ _ _

pa___so

_ _ _ _ _ _

ye___

_ _ _ _

ra____

_ _ _ _

___te

_ _ _ _

Escribe libremente una oración a cada dibujo.

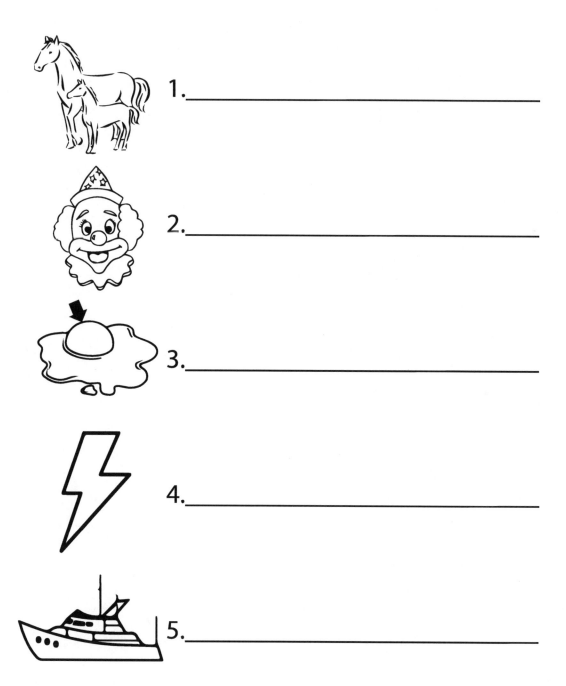

1._____

2._____

3._____

4._____

5._____

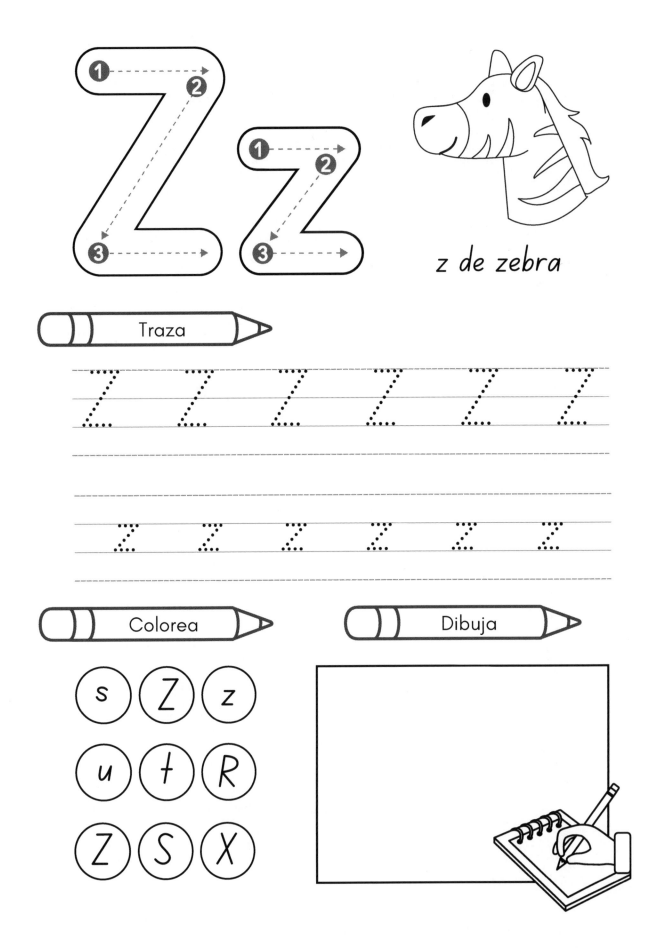

z de zebra

Traza

Colorea

Dibuja

Encuentra y colorea la letra

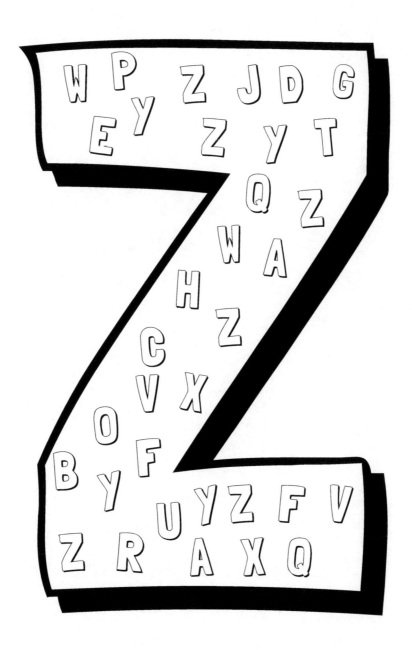

zapatos

za	ze	zi	zo	zu
zo	zi	zu	za	ze

zorra   Zoila   Zopilote   taza

cazo   manzana   zapato

1. El zapato es azul
2. Zulema lava la loza
3. La manzana es roja
4. Zoila borra el pizarrón
5. El chocolate tiene cerezas
6. Lupe tiene zapatos azules
7. La ensalada tiene zanahoria
8. Vi una lechuza en la choza
9. Tomas come sopa de arroz
10. La taza está llena de azúcar

Escribe libremente una oración a cada dibujo.

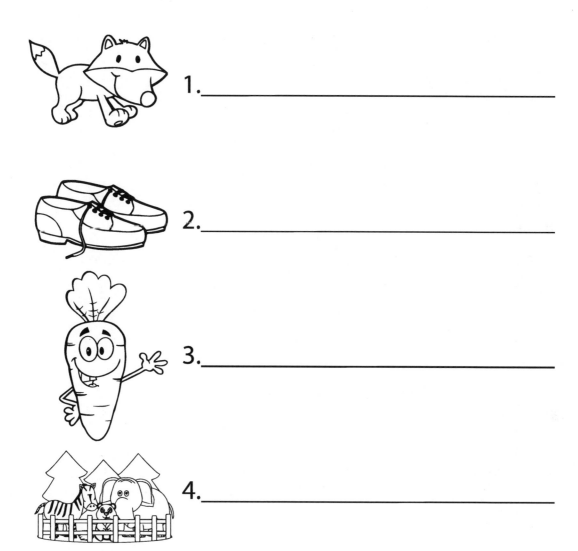

1._____

2._____

3._____

4._____

Une cada dibujo con su nombre y coloréalos.

zapatos

payaso

koala

sandwich

llave

zorro

taxi

rayo

ESTAMOS MUY ORGULLOSOS DE TI
POR TERMINAR ESTE LIBRO

¡FELICIDADES!

Lo que aprendí fue:

 1

 2

 3

 4

5

Made in United States
Troutdale, OR
12/01/2024

25418076R00082